JN014214

目次

アーカイブズと私

―大阪大学での経験―

阿部武司

クロスカルチャー出版

はじめに

本書は、私が大阪大学（以下、しばしば阪大と略記）大学院経済学研究科に教員として在職していた二一世紀初めごろの十余年間に執筆し、あるいは後に当時を振り返って書いた大学や学界に関するエッセイを取りまとめたものである。国立大学の改革が本格化した当時、私は、大学のインフラともいうべき図書館、博物館そしてアーカイブズ（文書館）の学内運営に関わり、不思議な成り行きから大阪大学アーカイブズの設立という重責を担うことになった。書名は、その点に由来している。収録した拙文には大きな修正を加えていない。個人の所属・役職はその当時のもの、本文中の〔　〕内は筆者の補註である。

第一章では、私が様々な大学行政のうち、上記三機関のすべてに関わったことが説明されている。第二章では、経済史・経営史研究に従事してきた私が、一九九〇年代に社史や経済団体の年史の執筆を経験し、また研究の国際化が進む中で欧米の図書館・博物館・アーカイブズの実態を知ったこと、二〇〇〇年代に長引く不況を背景として阪大の図書館や経済史経営史資料室に企業関連の資料が受け入れられるようになってきたこと、また私が阪大アーカイブズの構築を進めるようになったこと、二〇一〇年代には大学の外で企業アーカイブズとの関わりが増えたことなどが述べられる。第三章では、大学と企業のアーカイブズの異同についての私見が示される。

第四章は二〇〇四（平成一六）年春に突然、私が阪大内にアーカイブズを創る責任者になり、その後十年がかりで、それを実現していった経緯を語った講演の記録である。アーカイブズに関する素人である私は、文字通りゼロから組織を立ち上げ、優秀なアーキビストに助けられつつ、様々な障害を克服して二〇一三（平成二五）年一〇月に大阪大学アーカイブズを創立し、翌年四月に、同アーカイブズは、公文書管理法に基づく国立公文書館等および歴史資料等保有施設として内閣総理大臣の指定を受けることができた。この過程で、まず同アーカイブズの前身である文書館設置準備室、その後大阪大学アーカイブズが年に二度刊行してきたニューズレターに寄稿した主なエッセイをまとめたものが第五章である。

この間の二〇〇八年から一三年まで私は、経済産業省のプロジェクトの『通商産業政策史（一九八〇～二〇〇〇）』全一二巻中の第二巻、通商・貿易政策の編集・執筆に従事し、中央官庁の文書管理の実態に接する機会を得た。第六章ではそれについての私見が述べられている。

第七章は、実際に訪問した中国上海市の三つの図書館・アーカイブズの視察記録を中心に外国のアーカイブズを紹介したものである。

第八章は、私が二六年間在籍した大阪大学大学院経済学研究科・経済学部、そしてそこに属する経済史・経営史資料室の二〇〇三年時点における活動を紹介し、さらに、二〇〇〇年に阪大総合図書館に受け入れられた日本紡績協会資料について説明する。

第九章は、二〇世紀末から私が関わってきた外国人研究者との交流とその成果の一端を紹介したものである。

最後の第一〇章では読書に関する私見が述べられる。

第一章　図書館・博物館・文書館

私が大阪大学に教員として赴任してから四半世紀近くになる。これだけ長い間お世話になると、学生を教え研究をしているだけではなく、大学の運営にも微力ながらご奉仕するのは当然のことであろう。私もそうした役職をいくつか担当してきたが、それらを総称したいわゆる学内行政との関連で大学教員としてかなり珍しい経験をしてきたことをここでご紹介したい。大学に図書館が置かれていることはどなたもご存知であろうが、博物館を設置している大学はそう多くないだろう。文書館については名前すら聞いたことがないという方が少なくないと思われる。私は、この三つの機関全ての運営にかなり深くかかわってきたのである。

三つの機関の内で最も早くからお付き合いしているのが図書館である。現在阪大には豊中、吹田、箕面の三つのキャンパスがある。文科系理科系とも多数の部局がある豊中キャンパスには総合図書館が、理科系部局の集中した吹田には生命科学図書館と理工学図書館がそれぞれ設置されている。二〇〇七（平成一九）年の大阪外国語大学との統合に伴い加わった箕面キャンパスには外国学図書館が設けられている。以上四図書館にはそれぞれ副館長が任命され、理事兼副学長の一人が全学の図書館長を務めている。

私は、国立大学法人化（二〇〇四年四月。以下、法人化と略記）の三年前の〇一年度に当時の豊中地区図書委員会委員となり、翌年度にその委員長を務めた。その後〇七年にその頃は本館と称していた現・総合図書館担当の副館長に任命され、一年三か月後に大学院経済学研究科長・経済学部長に選ばれたためいったん辞任した。その任期二年を終えた翌日の二〇一〇年六月末に、「余人をもって代えがたい」（?）ということか、再び総合図書館担当の副館長に任じられ現在に至っている。

とびとびながら、一〇年間余り図書館の運営に関わったことから、以下の変化を経験できた。（一）法人化後の図書館は、以前に比べて利用者へのサービス向上に意識的に務めるようになった。

大阪大学附属総合図書館（2019年11月。豊中市）

法人化に伴い中期（六年間）及び毎年度に目標を立ててその実現を図るようになったことにもよるのだろう。シカゴ大学の事例などを参考にして阪大図書館の理念を作成したこと、学内外での研修に参加して図書館の運営に関する話をしばしば聞いたこと等が印象に残っている。二年後の二〇一〇（平成二二）年に図書館行政に戻ったときにはさらに、学生が自由に討論等をできる空間ラーニング・コモンズの新設、米国で開発された図書館サービス改善のためのアンケートLIBQALの実施、学生への小論文執筆の方法等を職員が教えるリテラシー教育、開館時間延長等の利用者サービスが急速に充実したことに驚かされた。これは職員の皆さんの尽力もさることながら小泉潤二館長のリーダーシップによるところが大きかったと思う。（二）法人化以前にすでに電子ジャーナルが登場しており、外国出版社がその無料トライアルを実施していた。二〇〇七（平成一九）年頃にはそれが理系ではすでに必需品となっていたが、エルゼビア社をはじめとする出版社側に約四億円という巨額の使用料を毎年支払わざるを得ず、その料金を各部局がどのように分担するかが深刻な問題となっていた。二〇一〇年にも電子ジャーナル問題は相変わらず重要ではあったものの、料金の大部分を阪大が全学的に負担するルールがすでにできており、各部局が支払う金額は大きく減少していた。また、電子ジャーナルのみならず電子書籍の購入希望が文科系からも出始めており、伝統的な紙媒体に加えて電子資料が図書館において重要な地位をすでに確立していることが理解できた。(三) 二〇〇七年頃には、個々の大学が学位論文や紀要等を電子アーカイブズ化し、収集・発信する機関リポジトリを阪大図書館も試行中であったが、二〇一〇年にはそれが実現していた。

次に博物館であるが、法人化の前後に文部科学省が国立大学に博物館を創ることを奨励していた時期があり、二〇〇二年に大阪大学総合学術博物館が設置された。当初は全学的に展示への協力を求められていたので、私が所属する経済学研究科の経済史経営史資料室も故作道洋太郎名誉教授旧蔵の藩札コレクションを公開したことがあったが、私はその時には中心となってかかわったわけではなかった。しかし、二〇〇四年以来、後に述べる文書館設置準備室（以下、準備室と略記）の運営を江口太郎博物館長にご支援いただくことになったのがご縁となって、豊中キャンパス内にある旧医療短期大学部の建物を修築して二〇〇七年に完成した博物館の新展示場（待兼山修学館）に設置された、阪大の歴史に関する展示コーナーを準備室が担当することになった。この常設展示は現在でも続いている。さらに翌二〇〇八（平成二〇）年春には江口館長から経済学研究科への企画展示（年に数回、各部局が博物館と共催で実施）に関する協力のご依頼があり、沢井実教授と私が「東洋のマンチェスターから『大大阪』へ―経済でたどる近代大阪のあゆみ―」と題する展示をお引き受けし、阪大経済史経営史資料室が所蔵する資料を中心に東洋紡、クラブコスメチィックス、大阪企業家ミュージアム等の企業・団体・個人から拝借した資料を加えて三か月弱の間開催した。その際、江口先生のほか橋爪節也教授と廣川和花助教から賜ったご指導のおかげで、博物館の展示とはいかなるものなのかを身をもって体験できた。なお、この展示の概要を伝える図録が、大阪大学総合学術博物館叢書『東洋のマンチェスターから「大大阪へ」―経済でたどる近代大阪のあゆみ―』（沢井氏と私の共著、大阪大学出版会、二〇一〇年）として後日出版された。

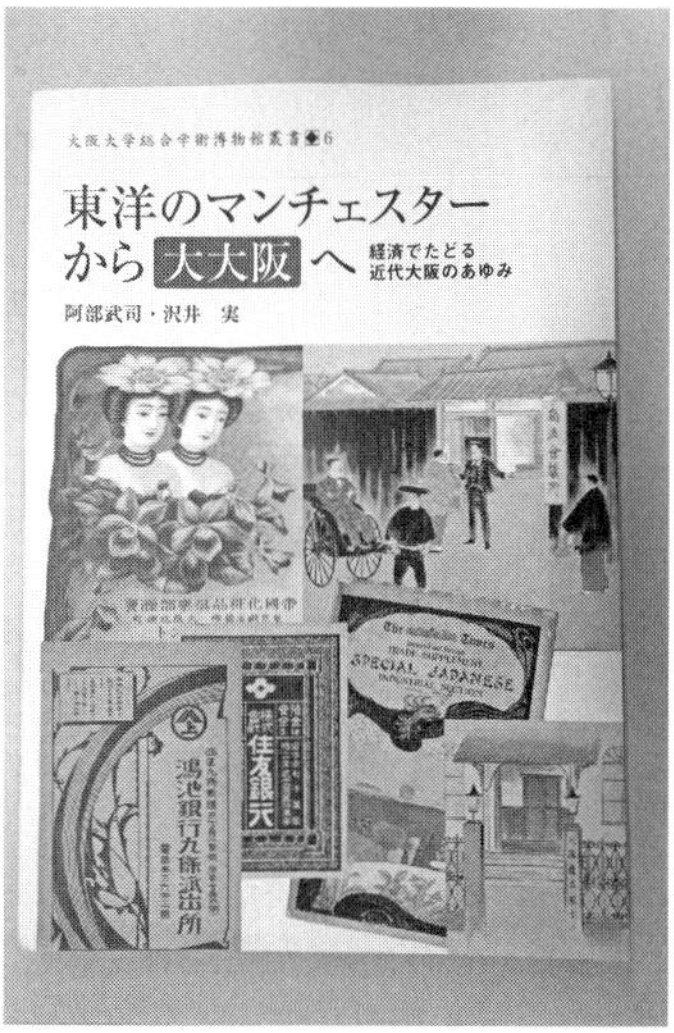

大阪大学総合学術博物館の展示に関する叢書（2010年11月刊行）

さて最後が文書館である。欧米や中国では文書館（archives）は長い歴史を持ち、官庁、企業、大学など多くの機関ごとに設置されることが多く、各機関にかかわる歴史的文書を選り抜いて整理し保管しつつ閲覧の希望に対応するのがその任務である。最近では韓国の文書館も充実してきている。これらの諸外国では、歴史研究者の利用はいうまでもなく、たとえば自分の家のルーツを知りたい人が文書館を気楽にたずねて、それを詳しく調べるといったことが日常的に行われており、そうした利用者をサポートしてくれるのがアーキビスト（archivist）である。

日本でも国立公文書館が一九七一（昭和四六）年に東京に設置され、また五九年の山口県文書館の開館以来、地方自治体でも文書館が置かれるようになった。三井文庫、住友史料館、渋沢史料館など企業や経済人のそれも存在するし、大学の文書館も相当数設置されている。しかし、文書館自体が日本人には、どうもなじみが薄いように思われる。図書館では司書（librarian）、博物館では学芸員（curator）という専門家が配置されているのは周知の通りだが、先ほどふれたアーキビストには訳語がない。このこと自体が、日本人の文書館に対する認識の低さを物語るものであろう。本年〔二〇一一（平成二三）年〕春にいわゆる公文書管理法が施行されたことをご存知の方がおられるかもしれない。しかしながら、関係者からは「公文書管理法ができたのを機に、面倒な書類をできるだけ廃棄することにしたい」という本音をしばしば聞かされた。こうした発想自体が、現代の日本人の歴史意識の低さを反映しているように思われる。「古いことなどどうでもよい」と思っている人が少なくないこと自体残念だが、ここではこの点に立ち入らず、身辺の歴史にすら無関心な日本人が外国人に比べて多いことが、文書館の知名度の低さをもたらしているとみられることのみを指摘しておきたい。

ところで、建学の理念を重視することが多い私立大学では、大学史資料館のような施設を設けている所が少なくないのに対して、国立大学ではそれらがあまり設置されていなかった。しかし、大学史の編纂、二〇〇一（平成一三）年度における情報公開法の施行、さらに国立大学法人化等を契機として、比較的大きな国立大学では文書館等が二一世紀に入るころから増えてきた。

そうした流れのなかで、法人化の実施間際の二〇〇四年早春のある日、河上誓作大学院文学研究科長ほか数人の方の訪問を受け、大阪大学五十年史が出版されたころ、編纂に関係した有志が、『今後も大学史の編纂は続けるべきであり、そのためには関連資料を日常的に収集しておく必要があるので、大学史編纂室をぜひ阪大内に置いてほしい』と時の総長にお願いしたところ、却下となった。最近では、大学史編纂室よりもさらに活動の幅の広い文書館が国立大学では主流になってきているが、旧七帝大中、文書館的組織がないのは阪大だけになってしまった。法人化を好機としてそれを阪大でぜひ実現したいので、あなたにその旗振り役になってほしい」というご依頼を受けた。歴史家の端くれである私は、文書館に保管されているものも含めて様々な資料を使うことに慣れてはいたけれども、文書館自体の運営等についてはほとんど知識もなく、ご依頼に応じ兼ねたが、河上先生の重ねてのご懇請にはお応えせざるをえず、大役をお引き受けすることになった。

幸いにも、当時の総長宮原秀夫先生は文書館の設置の必要性をすぐに認めて下さり、法人化後に設けられた総合計画室がお世話をしてくれることになった。同室ご担当の鈴木直副学長は、私を主査とする全学的なワーキンググループを組織して下さり、そこでの一年間余りの検討を経て、二〇〇六（平成一八）年七月に文書館設置準備室が発足する運びとなった。室長である私の下に専任講師一人、事務補佐員二人が置かれ、豊中キャンパス内の二室を拝借することになった。専任講師には広島大学文書館の創立に携わった菅真城（かんまさき）氏をお迎えできた。

国立大学文書館の最大のミッションは、事務方が現用文書として使ってきた書類（法人文書）のうち保存年限が過ぎたものを、あらかじめ設けた受入れ方針に基づいて文書館に移管し、大半の文書を廃棄したのち厳選された文書を整理・保存・公開することである。それを行うためには書庫を中心にかなり広いスペースを確保し、書架等の設備も整えて、政府の認可を得なければならない。われわれの準備室は、その実現の準備を進めるとともに、元教員や卒業生等から講義ノートなどの寄贈資料も受け入れ、また全学教育科目「大阪大学の歴史」を運営し、さらに名誉教授を中心とした方々に阪大在職中の思い出を語っていただくビデオを撮影するといった業務も実施してきた。

その間、二〇〇九年度には、第二期中期目標期間中（二〇一〇年度以降の六年間）の早いうちに文書館を阪大に設置することが承認され、この二〇一一年度からは旧大阪外大の箕面キャンパス内にある、スペースが広い建物の一部の使用と嘱託職員一名の採用が認められた。数年先には設置準備室の語句が取れ、晴れて本格的な文書館が阪大内に設置される予定である。

私が、過去七年間近く文書館の設置の必要性を阪大内で説く時、しばしば聞かされたことは、「古い資料などとっておいてもたいして役に立たない」、「文書館ができたところで一年間に何人お客さんが来るのか」、「文書館設置準備室の顔が見えない」等々であった。確かに、展示を見てくれる人々の耳目をひきつけるような、一見して魅力的な文書は阪大では非常に少ない。閲覧者が図書館や博物館の入館者数とは比較にならないほど少ないのも間違いあるまい。しかしながら、文書館はいわば、裏方である。映画や演劇でも脚光を浴びるスターの裏に振付、衣装、伴奏音楽、照明など「顔が見えない」多数の裏方がいるからこそ、公演も成功するのではなかろうか。阪大文書館は、記録を後世にきちんと残すのが本務であり、さらに、その資料を年史編纂、大学史研究、自校史教育など教育・研究のために提供する裏方なのである。旧知の高名な歴史家（三谷博東京大学名誉教授）が以前私に、「阪大の歴史を調査したかったので、図書館に問い合わせたところ、関連資料を保管している部署がないのに驚いた」と語っていた事実も紹介しておきたい。

私は、最近の約一〇年間、以上のように阪大内の三機関にかなり深くコミットしてきた。その分、研究時間は当然減るため、自分が貧乏くじを引いた気分にとらわれたこともあるが、それでも限られた時間の中であれ、そうした人類の知的遺産について考えることができたのは幸いであった。図書館と文書館との付き合いはもうしばらく続きそうである。（二〇一二年二月）

第二章　企業アーカイブズと大学

はじめに

経営史を専攻する私は企業資料には日常的に接してきたが、本章では自身の経験を振り返りつつ、企業アーカイブズと経営史学との関連、そして企業資料と、日本の経営史研究者の多くが所属している大学との関連を考えてみたい[1]。

一　一九九〇年代の経験――社史・団体史の執筆と英米における企業資料保存の視察――

私は一九七〇年代後半に近代日本を主な対象として経済史および経営史の研究を開始したが、当初出発時の対象が中小企業から成る織物業だったため、個人や各企業が所有する文書の分析に当初から取り組んでいたものの、アーカイブズを持つような比較的大規模の企業にはお目にかからなかった。産地の企業の団体である工業協同組合や、企業への技術指導を行う府県立の工業指導所に、戦前期以来の同業組合・工業組合の年史や工業試験所の年報などが残されていたこともあるが、それらも概して少量で、体系的に保管されていなかった。各地の郷土資料センターなどに市史などの地方史書の編纂のために寄贈された企業資料が保存・公開されていたケースもあった。しかし、それらも整理や管理の点で企業アーカイブズとは言い難い状態にあった。

一九八八（昭和六三）年に大阪大学経済学部に奉職することになった私は、主に一九九〇年代に企業アーカイブズに関わる二つの経験を重ねた。一つは、以下の社史または経済団体史の部分執筆の機会を得て、関連する企業や団体が持つ資料群を利用できたことである。①日本経営史研

究所編『東京海上最近十年史 一九八〇～一九八九』（社内資料、一九九四年）、②大阪工業会編『大阪工業会八十年史』（大阪工業会、一九九四年）、③北陸地方電気事業百年史編纂委員会編『北陸地方電気事業百年史』（北陸電力株式会社、一九九八年）、④関西電力五十年史編纂事務局編『関西電力五十年史』（関西電力株式会社、二〇〇二年）。

②の対象である大阪工業会は二〇〇三（平成一五）年四月に大阪商工会議所と統合されたが、この団体の場合も含めて上記の年史類を執筆する際の基礎となった資料群は、今でも関連する各社・各機関に継承されているものの、アーキビストによる管理、および公開は必ずしも進んでいない模様である。

私が最近、以上四つの企業または団体に、「（一）年史編纂のために集められた資料は、現在も保管されていますか？（二）保管されている場合、その資料は現在、専門知識がある企業アーキビストが管理していますか？（三）資料はどの程度公開されていますか？（四）社史・年史を今後も刊行する計画がありますか？」という一連の質問を試みたところ、それらの担当者から下記の回答をいただいた。(2)

① 東京海上日動火災保険。(3)（一）図書史料室にて大切に保管しております。（二）図書史料室にて長年にわたり、アーカイブズに関する知識および実務経験を積んで来た者が中心となって管理等を行なっています。また、企業史料協議会主催の企業アーキビストの研修にも参加させていただいております。（三）必要に応じて、社内の各部署にて有効活用して

おります。（四）現在特に計画はありませんが、今後も切りの良い年に作成は続けていく予定です[(4)]。

② 大阪商工会議所（旧大阪工業会）。（一）残しております。（二）単に廃棄せずに残しているというレベルで、整理はまったくできておりません。（三）そのような状態ですので、公開はしておりません。資料の存在を知っている者も恐らく、当時の工業会担当者（回答者）と、管理部門の管理職（工業会出身者）の二人だけだと思います。つまり、資料としてまったく活用できていないような状況です。

③ 北陸電力　回答なし。

④ 関西電力。（一）直近では、阿部教授にご尽力いただいた五十年史を刊行しております。編纂のために収集した資料につきましては、すべて本店のレコードセンター（書庫）において、参考文献の現物や各種記録資料、図表等の作成に使用した諸元データを記録したCD-ROM等を保管しております。また、当該資料については、文書管理システムにおいて、その内容、保有期間等を管理しております。（二）社史関連資料の管理につきましては、アーキビストではなく、社史を所管する総務室文書・株式グループにおいて管理しております。（三）書庫で保存しており、社外には公開しておりません。（四）現時点において、新たに社史を刊行する予定はありません。

さて、いま一つの経験は、欧米の経営史家との交流を深め、それを背景として外国企業に関するアーカイブズの実態を垣間見たことである。まず、一九九〇（平成二）年からジェレミー（David J.Jeremy）、ファーニー（Douglas A.Farnie）、ウィルソン（John F.Wilson）等、英国マンチェスター（Manchester）地域在住の諸氏と、中岡哲郎教授を中心に玉井金五、西沢保の両助教授等、大阪市立大学経済学部に所属していた諸氏と共同で、マンチェスターを中核とする英国北西部のランカシャー（Lancashire）地方と日本の関西地方との比較経営史研究を約一〇年間続けることになった。[5] 当初はスクラントン（Phillip Scranton）ラトガース大学教授をリーダーとする米国人チームによる同国フィラデルフィア地方の研究も含まれていた。趣旨はかつての繊維工業地帯の経済・社会が、繊維産業が衰退を経験したのち最近年までにどのような変容を遂げてきたのかを考察することであった。

この共同研究との関連で、まず一九九二年八月に一か月間、私は単身マンチェスター市に滞在し、英国綿業史に関する文献調査を進めた。その際に、①短期間ながら所属したマンチェスター大学（The University of Manchester）図書館本館倉庫に一九世紀中葉から二〇世紀半ばごろまでの綿紡績業の労働組合の帳簿類が保存されていること、②同図書館の別館であるジョン・リーランズ図書館（The John Rylands Library）が、綿紡織企業をはじめマンチェスターの歴史に関する大量の一次資料を保管し、博士号（Ph.D.）を持つアーキビストを配置した、文書館的機能をも備えた図書館であること、③マンチェスター市から遠くないプレストン（Preston）市のランカシャー文書館（Lancashire Record Office。現 Lancashire Archives）が、紡績機械メーカーとして著名だったプラット・ブラザーズ社（Platt Brothers & Co.）に関する大量の文書をはじめ紡織業関連の一次資料の宝庫であること、④マンチェスター中央図書館（Manchester Central Library）にも立派な郷土資料室（現Greater Manchester County Record Office (with Manchester Archives)）があり、例えばマンチェスター商業会議所資料などが保存されていること、⑤そのほかのランカシャーの諸都市にも小規模な文書館、あるいは図書館に、廃業した企業の資料が相当数保存されていることを確認できた。産業革命期以降ランカシャー地方で展開した綿紡織企業は一九六〇年代半ばまでにほぼ壊滅した[6]ものの、それらの資料がマンチェスター大学という国立大学附属図書館、公立図書館、そして公立の文書館（アーカイブズ）に大切に保管されているのには感心した。それとともに、日本では官庁の縦割り行政[7]の弊害と思われる図書館・博物館・文書館という硬直的な区分が、英国では柔軟に使い分けられており、図書館とアーカイブズの共存がごく普通にみられること、図書館司書、学芸員と並んでアーキビスト[8]の社会的地位が高いことも実感した。

次に、同じく一九九二（平成四）年の秋に前記のスクラントン教授が組織するワークショップが、同教授が併任する米国デラウェア州ウィルミントン市（Wilmington, Delaware）のハグリー博物館（Hagley Museum & Library）で開催され、その機会に同館をじっくり見学できた。それは、著名な化学品メーカーであるダウ・デュポン（DowDuPont）社の前身企業の一つデュポン（Du Pont）社の出発点であった広大な火薬工場跡を公園のような美しい博物館にした施設であり、図書館と文書館も併設されている。私は、そこに所属するアーキビストから詳しい説明を聞き、デュポンを研究する人々の多数がこの図書館と文書館を活用していることを知った。偉大な経営史家チャンドラー（Alfred Du Pont Chandler）の名著 *Strategy and Structure: Chapters in the History of the American Industrial Enterprise*(9) はその重要な成果の一つである。ここでも日本の国立大学の関係者のように図書館・博物館・文書館の違いばかりを強調する姿勢はまったく感じられなかった。

一九九〇年代には米国の経営史家の別のグループとの共同研究にも加わった。先ほど述べた一九九二（平成四）年秋の米国訪問の前に、当時米国ハーバード大学で在外研究に従事していた宮島英昭早稲田大学商学部助教授の紹介により、コロンビア大学教授で、まもなくマサチューセッツ大学ローウェル校に移籍したラゾニック（William Lazonick）、および同校教授マス（William Mass）の両氏の知遇を得て、その後カーネギー・メロン大学教授ハウンシェル（David Hounshell）、ロンドン大学 LSE 上級講師（Senior Lecturer）のハンター（Janet Hunter）、日本人では宮島氏のほか和田一夫東京大学経済学部助教授、竹中俊子ワシントン州立大学 CASRIP（Center for Advanced Study and Research on Innovation Policy）准教授等の諸氏の協力を得て、「英・米・日・中・印企業の国際競争力の比較経営史―綿紡織から自動車へ―」と題する国際共同研究に取り組むことになった。その過程で、一九九四年にハウンシェル教授のレンタカーでのアテンドの下で、前記のハグリー博物館を再訪したほか、米国ミシガン州ディアボーン市（Dearborn, Michigan）にあるヘンリー・フォード博物館（Henry Ford Museum）を訪れた。フォードの生家なども含む広大な博物館であったが、ここも図書館と文書館を含んでおり、ハグリー博物館の時と同様にアーキビストから詳しい説明を受けることができた。

以上の一九九〇年代の国内外での経験は、いずれも企業資料の保存のあり方、そして企業アーカイブズのあり方を私に考えさせてくれた好機であった。企業資料はその企業が、専任のアーキビストを配置して、閲覧希望者に資料を広く公開する企業アーカイブズに保存されることが望ましいが、企業が消滅した場合でも大学附属図書館や国公立の文書館で、同じく専門家を置いてきちんと保管・公開すべきであること、日本では、とくに国公立機関において図書館・博物館・文書館を硬直的に区別するが、この点は状況に合わせて柔軟に対処すべきであって、担当者が仕事をしやすく、また利用者が使いやすい施設の構築をめざすべきであること[10]などが当時の経験から得られた教訓である。

二　二〇〇〇年代の経験—大阪大学での企業等資料の受入れと大学アーカイブズの構築—

二〇世紀最後の年であった西暦二〇〇〇（平成一二）年に、一八八二（明治一五）年創立以来の歴史を誇る綿紡績企業の団体・日本紡績協会から、大阪市内の綿業会館に長年保存してきた大量の資料を無償で大阪大学に寄贈していただけるという話が持ち上がり、私がその受入れを担当した。当時、深刻な不況への対策として臨時の追加補正予算が相当額、国立大学に投じられていたが、阪大もその恩恵を受けて豊中キャンパスの中央図書館が立派に改修されたことが受入れを大きく促進してくれた。資料の重要性を理解してくれた阪大図書館の担当職員が献身的に動いてくれたおかげもあって、約三万点の図書・雑誌が同図書館に無事収納された。この日本紡績協会資料は今でも、外国人を含む多くの研究者により活用されている[11]。

問題は図書・雑誌のほかにその中に含まれていた、タイプ印刷の会議議事録や手書きの書類等の一次資料類であった。それらはしばらく手つかずのまま多数のボール箱の中で眠っていたが、二〇〇三（平成一五）〜〇六年度の科学研究費基盤研究（B）「戦前期関西地方の繊維産業とその金融基盤」（研究課題／領域番号：15330069、研究代表者：宮本又郎、沢井実）により、以下で説明する旧三和銀行資料とともに整理・分類することができ、図書館から大阪大学大学院経済学研究科[12]内の経済史経営史資料室に移管された。

この日本紡績協会資料の受入れから二年後の二〇〇二年には、同年一月における大阪市の三和銀行および名古屋市の東海銀行の合併によるUFJ銀行（二〇〇六年一月に三菱東京UFJ銀行。現・三菱UFJ銀行）設立に伴い、旧三和銀行関係者から阪大経済史経営史資料室に、一九三三（昭和八）年設立の三和銀行、そしてその前身の三十四・山口・鴻池の三行が戦前・戦中に作成した資料の寄贈のお申し出があり、宮本又郎教授が中心となって受入れが実現した。

その後も阪大経済史経営史資料室は宮本教授のほか沢井実教授が中心となって、二〇一一年に大同生命一一〇周年記念事業として同社から大同生命とその前身の大坂両替商加島屋の資料（その後身企業の名を冠して大同生命文書と称している）が寄託されるなど、企業・業界団体資料を受入れてきた。そのほか沢井教授が二〇一二（平成二四）年に、廃棄が決定した旧大阪府立産業開発研究所（現・大阪産業経済リサーチセンター）所蔵資料を、阪大経済学部資料室[13]に引き取ったことも紹介しておきたい。

こうした動きは阪大に限られたことではなく、東京大学経済学部図書室が経団連関連の石川一郎文書などを、神戸大学経済経営研究所附属リエゾンセンター（現・企業資料総合センター）が鐘紡や兼松などの繊維企業の資料を、九州大学石炭研究資料センター（現・同大学附属図書館記録資料館産業経済資料部門）が企業資料も含む石炭関連の資料を、いずれも意識的積極的に受入れてきた事実はよく知られている。

このような資料にはすでに一九七〇年代ごろから寄贈されたものも少なくないであろうが、それにしてもバブル崩壊後の長期不況下では、アーカイブズを組織内に持つことが困難になってきた企業や業界団体が、すでにみた英国のランカシャーの場合と同様に、大規模な大学の図書館等に資料の寄贈を依頼してくる時代が到来したように思われる。それは、企業、大学の双方にとって望ましいことなのかも知れない。

ただし、西暦二〇〇〇年代以降、予算、人員の両面で年々運営が困難になってきている国公立大学は、研究や教育に関して有益であるはずの資料寄贈の申し出にも次第に応じにくくなってきている。大阪大学の場合、前記の日本紡績協会や三和銀行の一次資料に関して外部から閲覧希望があった際には、二〇〇四年の国立大学法人化以前であれば助手がそれへの対応をすることが可能であったが、最近では助手[14]の採用はおろか非常勤の事務補佐員すら雇用できないほどの予算の逼迫が続くようになり、従って、資料閲覧の依頼がある際には専任教員が対応せざるをえなくなった。私が阪大在職末期に雄松堂（現・丸善雄松堂）に依頼して、日本紡績協会旧蔵一次資料のＤＶＤ版「日本紡績協会・在華日本紡績同業会資料（大正六年～昭和三五年）」を二〇一二（平成二四）年に出版していただいたのは、そうした閉塞状況を打開するためであった。

私の二〇〇〇年代のいま一つの体験は、二〇〇四年春に思いがけず阪大内部に大学アーカイブズを設置する大役をお受けすることになり、二〇一二年一〇月に発足した大阪大学アーカイブズが内閣総理大臣から国立公文書館等に指定されたことによって、一〇年後の二〇一三年四月にそれを完成したことであるが、この過程についてはすでにたびたび述べている[15]ので、省略する。そのご縁で全国大学史資料協議会に阪大在職中は機関会員として、国士舘大学に移籍したのちには個人会員として加入し、他大学の大学アーカイブズの担当者と交流し、有益な情報をいただいてきたことを付言しておかなければならない。ただ、その間に、日本人の文書管理に関する意識がいまだにきわめて低いこと、繰り返しになるが、国立大学では図書館・博物館・文書館の相違点が強調されすぎており、そのために三つの機関相互の縄張り意識や資料の取り合いといった弊害が生み出されていること等のネガティブな問題を、遺憾ながら頻繁に感じさせられたことは述べておきたい。

三　二〇一〇年代の経験―企業史料協議会・東洋紡社史・帝国データバンク展示―

二〇一〇年代に入っても私と企業資料との関わりは続いている。まず、二〇一一（平成二三）年五月以来、企業史料協議会の副会長を務めており、歌田勝弘会長、安江明夫副会長をはじめ各企業のアーカイブズに関わっておられる理事の方々と交流でき、企業アーカイブズについて考える機会が増えた。

次に、二〇〇八年から二〇一五年春まで東洋紡株式会社社史編集室編『東洋紡百三十年史』（東洋紡株式会社、二〇一五年）を部分執筆することになった。一九八九年夏に大阪市内の綿業会館を会場として、今でも年に約二回のペースで続いている紡績企業史研究会を宮本又郎氏と組織したが、そこで『百年史　東洋紡』上・下二巻（東洋紡績株式会社、一九八六年）の編纂に携われた同社ご勤務の村上義幸氏の知遇を得て、その後も同氏経由で東洋紡と個人的に長らくお付き合いしてきた。上記の新しい社史の執筆に加わったのもそうしたご縁からであったが、その過程で村上氏が長年にわたって構築されてきた同社社史編纂室という本格的企業アーカイブズに大変助けられた。

最後に、企業史料協議会でお世話になっていた帝国データバンク史料館館長の高津隆氏から二〇一六年秋にご依頼を受け、二〇一八年三月下旬より二か月間、同史料館で開催された地場産業に関する展示の委員をお引受けすることになった。ここでも本格的な企業アーカイブズである同史料館に勤務されているスタッフの高い調査能力に大いに助けていただいた。

なお企業アーカイブズ関連ではないが、大阪大学アーカイブズの前身・大阪大学文書館設置準備室長時代に、二〇〇九（平成二一）～一一年度の科研費基盤研究（C）「近・現代経済政策史資料保存の理論と方法」（研究課題／領域番号：21530334、研究代表者：尾高煌之助）による活動の一環として、二〇一一年一月に中国上海市のアーカイブズ三か所を老川慶喜立教大学教授と視察し、中国政府がアーカイブズを日本政府に比べてはるかに重視しているのを知ったことにも付言しておきたい[16]。

東洋紡績株式会社本社にて（1999年9月。左より阿部、D. ファーニー氏、村上義幸氏）

結語

以上、散漫な回想を綴ったが、要点は、以下の通りである。

（一）一経営史研究者からみて企業アーカイブズは、当該企業やそれが属す産業に関する実証研究を行う上で資料の宝庫であり、そのスタッフは重要なメンターとなる。

（二）一九九〇年代の英国での経験から、何らかの事情により企業アーカイブズを創れなかった企業の資料でも、国公立の大学や中央・地方の文書館に残せる可能性があることを知った。つまりそれらの機関は企業アーカイブズを補完する存在と言えるのだが、バブル崩壊後長期不況に悩まされてきた日本でも二〇〇〇年代には、企業または業界団体が大規模な国立大学等に資料を寄贈または寄託することが増えていったように思われる。

(三) しかし、その場合でも、二〇〇四（平成一六）年に法人化したのちの国立大学で財政窮乏化が近年顕在化してきているため、企業から提供される資料が無償であっても、その整理・維持や閲覧は次第に困難になりつつある。

(四) 最近の政界官界の不祥事に明らかなように、日本の政治家および官僚には資料保存の重要性に関する認識があまりにも欠落している。文書管理に関する国民の意識向上も大切だが、それ以前に政治家や官僚の意識改革が喫緊の課題であろう。こうした状況下では、英国で見られる国公立の企業アーカイブズなどは、日本では遺憾ながらほとんど期待できない。

(五) 他方企業が多年存続し、過去を顧みる余裕ができたところで社史を出版するという文化は諸外国には類例が少ないように思われる。この良き伝統は今後とも是非維持してほしいところである。

(六) ただし、企業史料協議会に参加しているような、社内資料を大切にする企業はまだ少なく、社史をせっかく刊行しても、その後資料を処分したり散逸させてしたりするケースも多いようである。資料保存の重要性を国民が広く理解するようになれば、こうした状況は大きく改善されるであろう。（二〇一九年三月）

【註】

(1)本章は、二〇一八年五月一九日に帝国データバンク会議室で開催された経営史学会関東部会月例会（統一テーマは「企業資料館と経営史」）で報告した「企業資料館と経営史」の原稿の改訂版である。

(2)回答者のお名前は省略。頂いた文面を尊重したが、私が若干の編集を加えた箇所がある。

(3)二〇〇四年一〇月にミレアホールディングス（現・東京海上ホールディングス）傘下の東京海上火災保険と日動火災海上保険が合併してこの名称となった。

(4)直近では二〇〇五年に日本経営史研究所編『東京海上百二十五年史』（東京海上火災保険株式会社）が刊行された。

(5)第九章（1）を参照。

(6) John Singleton, *Lancashire on the Scrapheap: Cotton Industry, 1945-1970*. Oxford & New York: Oxford University Press, 1991, を参照。

(7)筆者が二〇一九年一一月に文部科学省に対して、国立大学における図書館・博物館・文書館（アーカイブズ）の各々の管轄部署を問い合わせたところ、図書館は文科省研究振興局情報課学術基盤整備室、博物館は二〇一八年一〇月の文科省の組織編制以前には同省生涯学習政策局社会教育課、以後は文化庁企画調整課、文書館は総理府または国立国会図書館が、それぞれ管轄しているとの回答を得た。

(8)この語の適切な日本語訳が無いこと自体、日本でアーカイブズが長らく軽視されてきた事実を示している。

(9)同書に関しては巻末の参考文献の箇所を参照。

(10) IFLA（International Federation of Library Associations and Institutions. 国際図書館連盟）とOCLC（Online Computer Library Center, Inc.）が二〇〇八年に出した報告書以来、MLA連携、すなわち博

物館、図書館、アーカイブズの提携・協力活動という考え方が世界的には優勢となりつつあるが、国立のそれらの機関が諸官庁の硬直的な管理下に置かれた日本では、その含意が容易に浸透しそうもないのが遺憾である。

⑾同資料に関しては第八章（３）を参照。

⑿いわゆる大学院重点化の一環として一九九八年に、大阪大学の経済学部はいわば裏看板となり、他方で表看板が同学部から大学院経済学研究科へと代わった。

⒀前記の経済史経営史資料室とは異なる。

⒁国立大学文科系の助手は、以前にはなかった研究以外の様々な義務（授業など。それぞれの大学の各部局により異なる）を伴う助教に代わった。

⒂第一章、第三～五章。

⒃第七章（１）がその記録である。

第三章　大学アーカイブズと企業アーカイブズ

——現状と課題——

一　私とアーカイブズ

私は、二〇〇九（平成二一）年から一一年まで経営史学会会長の職にあったことがご縁となり、二〇一一年五月から企業史料協議会副会長を務めている。過去五年間、勤務先大学での仕事のため理事会に欠席しがちなのが残念ではあるが、毎回必ず出るようにしている総会や運よく出席できた理事会では、その後の懇親会も含めて、企業アーキビストの方々と楽しくお話ししながら、企業アーカイブズについて勉強させていただいている。

話は変わるが、私は、二〇一四年三月まで勤務していた大阪大学で、奇しくもちょうどその一〇年前のある日突然、学内にアーカイブズを設置するという大任を負うことになった。その後の経緯はまさに波乱万丈であったが、委細は別稿、および後出の菅真城氏の著書の第五章[1]に譲りたい。ここでは最終的に、総長をトップとする阪大執行部の公認が得られて二〇一二年一〇月、箕面キャンパス[2]に大阪大学アーカイブズが発足したこと、その半年後の二〇一三年三月には同アーカイブズの下に設けられていた法人文書資料部門が、いわゆる公文書管理法（二〇一一年四月施行）に基づく「国立公文書館等」として、また、いま一つの大学史資料部門も「歴史資料等保有施設」として、それぞれ内閣総理大臣（内閣府）から指定を受けたことをご紹介すれば足りよう。多くの方々からご教示とご支援を賜りながら試行錯誤を重ねつつ、文字通り十年がかりで私が築き上げた大阪大学アーカイブズは現在、飯塚一幸室長（大学院文学研究科教授兼任）、菅真城（アーカイブズ専任教授）、大学本部所属の事務職員五人の方々により、公文書管理法に基づく法人文書（事務書類とお考えいただきたい）の移管を柱として、学内外から寄贈される大阪大学に関わる様々な資料も含めて、多量の文書の受入れ・選別・整理・保管を着実に進めている[3]。

この大阪大学内のアーカイブズに携わる以前には企業などのアーカイブズを使うことはあっても、そのミッションや機能などについてまったく無知であった私は、同じ国立大学ですでに整備されていたアーカイブズを訪問し、必要な情報の収集に務めた。とりわけ京都大学大学文書館の西山伸教授、広島大学文書館の小池聖一教授、九州大学大学文書館の折田悦郎教授、大阪大学で当初ただ一人のアーキビストであった大西愛氏（大阪大学出版会ご勤務）、そして大阪大学文書館設置準備室（大阪大学アーカイブズの前身機関）が発足した二〇〇六（平成一八）年に専任講師として広島大学からお迎えした菅真城氏等の先学からは、折に触れてご教示を仰いだ。また、大学アーキビストの団体である全国大学史資料協議会が主催する研究会や見学会に積極的に参加して知識の習得に努めた。

四〇どころか五〇の手習いであったが、以上のような耳学問から得た知識、そして議論を通じて浮かんできたアイデアは、その間に多少は読んだ専門書や論文よりも、阪大でアーカイブズを構築していく際はるかに役立った。この経験から私は、アーカイブズ論は人間の知恵の集積には違いないけれども、決して机上の学問ではなく、良い意味での実学である、と認識するようになった。また、アーカイブズはそれぞれの大学が置かれている状況―予算、人員ポスト、すぐに移管できる文書の蓄積量、毎年度受け入れていく保存年限の過ぎた現用文書の量、本部を中心とした事務方との協力体制、文書を保存するためのスペース等々―によって、柔軟に作り上げていく以外にないことも学んだ。

阪大も所属することになった全国大学史資料協議会の西日本部会および全国大会で、多数の私立大学のアーキビストの方々と交流できたのも有意義で楽しい経験であった。国立大学と私立大学では一口にアーカイブズと言ってもそのミッションがかなり異なる。私見によれば、官庁の一部として、公文書を管理することを重視する前者に対して、後者では建学の精神を学生や教職員に伝えることが重要であり、また、そこでしばしば校史が編纂されている。こうした相違については後にもう一度言及する。

二　大学アーカイブズと企業アーカイブズの現状と課題

(一) 実態からみた二つのアーカイブズの異同

続いて大学アーカイブズと企業アーカイブズの異同に関する私の見解を述べたい。まず、大学アーカイブズであるが、これについては国立と私立とを区別して考える必要があろう。

国立大学のアーカイブズでは中央官庁を直接の対象とした公文書管理法を念頭に置いて、保存年限を経過した現用文書（日々生み出され、日常業務に使用されている事務書類）の受入れに最大の力が注がれる。見たところたいして値打ちもなさそうな書類に何故多大な労力をかけるのかという疑問を持つ読者がおられるかも知れないが、今残されている一〇〇年前の貴重な資料でも、書かれた当時は多数作成された文書の一つに過ぎなかったのである。こうした公文書の管理方法は、後世に重要な文書を意識的に残そうというすぐれた考え方として評価されるべきであろう。

ところで先ほど阪大の例で言及した「歴史資料等保有施設」は、各部局の刊行物、名誉教授が個人的に所有していた学内委員会等の記録、学生の講義ノートといったような、その大学の歴史に関わる、法人文書以外の資料を収集する機関のことであり、国立大学のアーカイブズでは例外なく、こうした文書も収集されている。この点は、例えば東北大学史料館のウェッブサイトhttp://www2.archives.tohoku.ac.jp/tuda/tuda-index.html中の個人・関連団体文書をご覧になれば一目瞭然であろう。

国立大学のアーカイブズが集める以上二つのカテゴリーの文書が大学史の編纂に役立つことは言うまでもない。ただし、国立大学では大学史の編纂自体はアーカイブズの業務に含めず、それは大学によって別置される校史編纂室というような施設で、教員によって進められるのが筋である。国立大学のアーカイブズに固有なミッションは、大学に関する選び抜かれた文書を集めることなのであり、校史編纂などそれを使う仕事と混同してはならないのである[(4)]。

以上のように国立大学のアーカイブズが官庁組織の一環として独特なミッションを持つのに対して、私立大学のアーカイブズは、創立の際の功労者に関する資料をはじめとする歴史的資料を精力的に収集し、さらにそれを展示して大学の独自性を学内外に知らしめることに重きを置いている。国立大学の場合には、書籍・雑誌は図書館、標本は博物館、文書はアーカイブズという区分がかなり厳密に定着しているが、私立大学ではそうした区分に必ずしもとらわれることなく、文書に限らず様々な資料を弾力的に集めており、アーカイブズと博物館を兼ねた機関も少なくない。また、私立大学ではアーカイブズが、さらに言えばそこに所属する教員のみならず職員も校史編纂に従事することが珍しくない。

最後に企業アーカイブズについては、企業史料協議会のホームページおよび研究誌『企業と史料』を一読すれば、その実態を理解できる。同協議会には二〇一五年八月時点で九〇を超える機関が加入し、その内には社史編纂に携わる研究所や出版社、社史や経営史に関わる文献を収集する大学図書館、アーカイブズに関連するマイクロフィルム作成や史料修復を行う企業などアーカイブズの「援軍」も含まれている。

諸外国とくに欧米では立派な企業アーカイブズが多数設置されている。(5) 私が訪問したアメリカのヘンリー・フォード博物館（The Henry Ford Museum　デトロイト市）とデュポン社のハグリー博物館・図書館（Hagley Museum and Library　ウィルミントン市）での経験を想い出すと、ともに博物館、図書館、アーカイブズの三者が統合されており、その内の一部門であるアーカイブズは他の部門と遜色のない充実ぶりであった。そこには大学院で学び博士号を取得したアーキビストが複数名勤務しており、その人たちが閲覧者からの史料請求や質問に実に親切に的確に対応していた。経営史の分野で画期的な業績を残したアルフレッド・チャンドラーが若き日に上記のハグリーにこもってデュポンの事業部制組織の形成史の研究を深め、それに基づき名著 *Strategy and Structure*(6)の有名な章を書き上げたというエピソードが示唆するように、海外のアーカイブズは学界にも大きく貢献している。

日本の企業アーカイブズはそれらに比べると予算、施設の両面でまだまだ改善の余地が大きく、博士号を持つアーキビストの採用にも今後相当な時間がかかりそうである。しかし、こうした厳しい状況の下でも各機関のアーキビストたちが、地味ながら重要な仕事を忍耐強く続けていることに心より敬意を表したい。

管見の限りでは、日本の企業アーカイブズは社史編纂と深い関連を持つケースが圧倒的に多いように思われる。上記のアメリカの企業アーカイブズに関して正確なことはわからないが、日本の場合に比べれば社史との関わりは少ないようである。日本の企業アーカイブズでは社史の編纂過程で蓄積された重要な資料が、特定の場所で整理され保存され公開されることが珍しくない。そして、収集される資料には社内文書は当然として、その他に書籍・雑誌や看板・絵・ポスター・写真などのモノが含まれることが多い。このように見てくると企業アーカイブズは、すでに見た私立大学のアーカイブズに近く、国立大学の場合とはかなり異質であると思われる。

(二) 各アーカイブズに共通する問題

以上のように、それぞれのアーカイブズは類似点も含みながら個性的であるが、世界に一つしかないような重要な文書を集め保存し公開することは全ての機関に共通するミッションである。

以下ではこの点に関して、日本において国立・私立の大学アーカイブズと企業アーカイブズが共通して抱えていると思われる悩みを列挙しておきたい。

① 情報化への対処。いずれのアーカイブズも、日々作成されていく書類の激増と予算の制約との板挟みとなっており、時の経過とともに業務の順調な遂行が困難になってきている機関も多いことであろう。資料の受け入れ・選別・保管・公開の全てにおいて予算と人手の不足が大きな問題となっている。さらに、資料を保管するスペースの不足が深刻となっている機関も多いようである。なお、図書館や博物館も同様の問題に悩まされている。

② 電子資料の取扱い。米国で軍事目的で使用されてきたインターネットが冷戦崩壊後、民間に開放され、二〇世紀末からの約二〇年間に世界は大きく変貌していった。それに伴い進展したあらゆる分野における電子化の影響は当然アーカイブズにも及んでいる。今のところアーカイブズが収集の主な対象としているのは紙媒体の文書であるが、電子化された資料自体の保存もすでに対応を迫られていると認識すべきであろう。それでは、デジタル化された資料を実際には、どのように選別し保存していったらよいのであろうか。この点に関しては率直に言って明確な方向性が打ち出されていないように思われる。例えば、重要な情報をDVDなどの媒体に保存しても、それがある日気付くと消えて無くなっているかもしれない。こうした事態を避けるために古い媒体から新しい媒体へと情報を定期的に移すのも手間暇がかかる。こうした問題の克服策も真剣に考えていかなければならないであろう。

③　資料の経年劣化への対策。酸性紙の経年劣化もアーカイブズや図書館では大問題となっている。アーカイブズ固有の問題としては、戦時中から敗戦後の占領期に使われていた、いわゆるコンニャク版などの粗悪な文書、その後の青焼きコピーや湿式コピーの文書の劣化も挙げられよう。こうした問題に当面した時、和紙に墨書した古代以来の史料の素晴らしさに今さらながら感動を覚えるが、それはともかく、劣化した資料をいかに補修・再生するかも、大きな課題であろう。

④　人材の確保。すでに示唆したように、外国のアーカイブズでは企業であれ大学であれ通常、博士号を取得したアーキビストがフルタイムで活躍している。日本ではアーキビストの教育機関が近年ようやく発足したばかりであり、多くの企業や大学に博士号を持つ人材が常勤するようになるのは率直に言って遠い先のことと思われる。この問題点はとりあえず捨象するにしても、現在の日本では優秀な人材をアーカイブズに確保することは容易ではあるまい。先に大阪大学のアーカイブズに関する私見を述べた際に、アーカイブズに関しては書物よりも現場で得られる知恵の方が重要であることを指摘した。アーカイブズについての予備知識があまりない人でも、経験者から学びつつ、日々生じる問題に忍耐強く向き合っていけば、おのずと道は開けるものと私は確信している。アーカイブズには机上の理論よりも経験の蓄積が重要なのである。ところが日本では大学でも企業でも数年間ある部署で勤務した人が、別の部署へ異動させられることが非常に多く、アーカイブズで勤務する人達がその例外

とは言えないであろう。せっかく修得しつつあったアーキビストとしてのスキルが異動で終わってしまい、その後任者へのゼロからの技能養成が繰り返されることが少なくないのである。この点の改善は必要である。併せて、スキルを持つ人材が定年退職した後にも活躍できる体制を構築することが望まれよう。

三　終わりに

以上、思いつくままに私見を述べたが、企業アーカイブズと大学アーカイブズはそれぞれ個性を持ちながら、世の中にただ一つしかない文書をはじめ貴重な資料を集め整理し保管するという共通のミッションを持ち、さらに先ほど述べたように共通するいくつかの難問に直面している。今後企業と大学のそれぞれのアーキビストが交流を深め情報交換を重ねることによって、問題解決の展望が得られることを大いに期待したい。

また、先ほど情報化の問題を述べたが、それに関連して、比較的新しい時期の資料をマイクロフィルム化して資料の保存スペースを節約し、場所ばかり取る原資料を廃棄したいという誘惑に担当者がかられる可能性が、大学でも企業でも根強く存在するように思われる。閲覧者に原資料を直接見せることは、資料保存上問題であり、その解決のために閲覧用のマイクロフィルムあるいはデジタル資料を作成するのは望ましいことであろう。しかし、そうであるからと言って、スペースを取る原資料を廃棄してしまうことには慎重であってほしい。（二〇一六年五月）

【註】

(1)第一章および菅真城『大学アーカイブズの世界』大阪大学出版会、二〇一三年（第五章）。

(2)二〇〇七年一〇月に大阪大学は大阪外国語大学と統合し、従来の豊中、吹田の両キャンパスのほか新たに箕面キャンパスが加わった。

(3)詳しくは大阪大学アーカイブズのウェッブサイトhttp://www.osaka-u.ac.jp/ja/academics/ed_support/archives_roomを参照。同サイト中の「刊行物・広報誌記事」欄からは、各年度二回刊行されている『大阪大学アーカイブズニューズレター』、および同アーカイブズの前身機関の大阪大学文書館設置準備室が刊行した『大阪大学文書館設置準備室だより』のバックナンバーがダウンロードできる。

(4)現実には、アーカイブズの専任教員が校史編纂に加わらざるをえないことも多いが、それは現在の国立大学が置かれている厳しい予算制約を反映しているに過ぎないのであり、決して奨励されるべきことではない。しかしながら、アーカイブズの専任教員が、アーカイブズで公開されている文書を使って研究成果を上げることは、むしろ望ましいことである。アーカイブズの専任教員は勤務時間中、事務労働に忙殺されがちであるが、そうした行政のほか研究と教育の両面で成果を上げることも、国立大学教員の本来の職務であるからである。

(5)公益財団法人渋沢栄一記念財団・実業史研究情報センター編『世界のビジネス・アーカイブズ―企業価値の源泉―』日外アソシエーツ、二〇一二年、を参照。渋沢栄一記念財団は企業史料協議会の会員である。

(6)前掲、A.D.Chandler, Jr. *Strategy and Structure.*

第四章　アーカイブズ創設とアーキビスト

私とビジネスアーカイブズ

ただいまご紹介いただきました阿部です。今日の私に与えられた課題であるアーカイブズ創設とアーキビストについてお話しさせていただきます。私はアーキビストとはとても申し上げられず、アーカイブズの単なるユーザーです。そして、もう四〇年にもなりますけれども、日本の経済史・経営史という分野を研究しております。三〇年前に大阪大学経済学部に経営史担当の教員として赴任しまして、そのあと仕事柄、企業アーカイブズにいろいろお世話になってまいりました。今日主にお話しすることは、私が設立に関係した大学アーカイブズについてなのですけれども、その前に私とビジネスアーカイブズとの関係について簡単にお話ししておきます。半年ぐらい前に経営史学会の関東部会で報告したことなのですが、かいつまんで申し上げます。

一九九〇年代の経験──社史・団体史の執筆と英米での企業資料保存の視察──

一九八八（昭和六三）年に大阪大学に赴任したあと二六年間阪大にいたのですが、その後の現在に至るまでを一〇年ごとに切りまして、一九九〇年代の経験からお話しします。まず、社史や団体史の執筆の仕事を、東京海上、大阪工業会、北陸電力が編纂した北陸地方電気事業百年史、そして関西電力と四つやらせていただいたのですけれども、それらの企業や団体に継承された資料が、その後どうなったか、アーキビストによって現在どのように管理されているかを問い合わせてみたところ、残念ながら必ずしもきちんと保管・管理されていないという結論でした。

次に、この一九九〇年代はバブルが崩壊した時期なのですが、実は国立大学は世間一般とは少しラグがありまして、バブルの影響がこの当時に到来し、研究費が割合潤沢になりまして、そのおかげで私も外国の学者と交流する機会が増えました。そのついでに外国の企業アーカイブズの実態を垣間見ることができました。まず、英米両国の学者グループとの研究に加わり、一九九二（平成四）年夏に一か月間イギリスのマンチェスター市に滞在しまして、英国産業革命以来の産業の綿工業に関する文献調査を行いました。マンチェスターを取り囲むランカシャー地方に紡績企業がたくさんあって、長く続いていたのですけれども、それらが一九六〇年代中頃に急激になくなります。そうした企業の資料が名門国立大学のマンチェスター大学の附属図書館、公立の図書館、それから国公立のアーカイブズ（文書館）に、いまでも大切に保管されていることが滞在中にわかりました。マンチェスター大学には立派な中央図書館があるのですが、少し離れたところにジョン・リーランズ・ライブラリーという分館もあります。産業革命期に繊維産業で富を築いた商人が寄贈した格調の高い立派な施設で、とても素敵な雰囲気の所でしたが、そこでは一般の書籍よりもむしろ、手書きの文書などのいわゆる一次資料を整理・保管・公開することが重視されていました。日本では官庁の縦割り行政の弊害と言っていいと思うのですけれども、図書館、博物館、文書館、これらについて非常に硬直的な区分がありまして、それぞれの機関が自分の優位性を主張し、他の機関を軽視したり、資料の取り合いをしたりすることがよく見られます。しかしイギリスでは例えば図書館とアーカイブズが共存することがごく普通に見られる。それからライブラリアン、キュレーター、アーキビストの地位が各々同じように高い。そういった専門家たちがそれぞれの職務に見合う学識を持っているだけでなくて、利用者に対しては、私のような英語が下手な者が行きましても、丁寧に接してくれる。そうしたことをマンチェスターで私は身をもって体験いたしました。

それから同じく一九九二（平成四）年の秋に、先ほど触れた共同研究の中間報告を行うカンファレンスに出席するため訪問したのですが、アメリカ合衆国デラウェア州ウィルミントンのハグリー博物館、正確に言うとハグリー・ミュージアム・アンド・ライブラリーを見学しました。有名な化学メーカー・デュポン社の発祥の地でして、広い火薬工場の跡地全体がとても綺麗な博物館になっています。その敷地内に図書館と文書館が併置され、そこでもアーキビストの方から詳しい説明を聞きました。この博物館・図書館・文書館が一体となった施設を多くの研究者が利用していまして、日本のように三つの機関の違いを強調するのではなく、三者が相補い合うあり方が自然に受け入れられていることに深い感銘を覚えました。

その後別の共同研究を主にアメリカの研究者とすることになりまして、一九九四年にアメリカの施設をもうひとつ見学できました。ミシガン州のディアボーンという所にヘンリー・フォード・ミュージアムがございまして、自動車王フォードが生まれた家などもある広い博物館です。ここでも図書館と文書館が併設されており、ハグリーの時と同じようにアーキビストの方から詳しい説明をうかがうことができました。

こういった経験を重ねた結果、三つほど教訓を得ることができました。一つは、企業の資料は、その企業が専任のアーキビストを配置して、閲覧希望者に広く公開する企業アーカイブズに保存されるのが望ましいということです。次に、不幸にして企業が消滅するようなこともありますけれども、その場合にも大学の附属図書館とか国公立の文書館で、できれば専門家を配置して整理・保存・公開すべきであるということです。最後に、苦言になってしまうのですけれども、日本では先ほど申し上げたように図書館、博物館、文書館の相違がそれぞれの機関の関係者によって硬直的に主張されがちなのですが、各機関のあり方は状況に合わせて柔軟に考慮されるべきであって、大事なことは担当者が仕事をしやすいように、そして利用者が使いやすいように配慮することではないかということです。

二〇〇〇年代の経験—大阪大学での企業等資料の受け入れ—

二〇〇〇年代になりますと、また新しい経験をしました。この時期には大阪大学では企業や経済団体の資料がたくさん受け入れられていく、大学にとってはある意味で幸福な状況が出てまいりました。まず西暦二〇〇〇（平成一二）年に、一八八二（明治一五）年創立という大変古い歴史を持つ日本紡績協会という団体から、大阪市内の有名な綿業会館に保存されてきた大量の資料を無償で大阪大学に寄贈したいというありがたいお申し出を受けまして、私がその受け入れを担当させていただくことになり、約三万点の図書・雑誌が大学図書館に収納されました。その後外国人も含めてたくさんの方が、この日本紡績協会寄贈資料を利用しています。ところがその受け入れの過程で一つ問題が生じました。寄贈された中には手書きの書類などの一次資料がだいぶ含まれており、図書館では扱えないということでしたが、それらは私の所属していた経済史経営史資料室で、文部科学省のちには日本学術振興会の科学研究費、いわゆる科研費を使って事務補佐員や大学院生等に依頼して、資料を整理し経済史経営史資料室に保管することになりました。

この日本紡績協会資料の寄贈のあとにも企業などの資料が次々と大阪大学に受け入れられてきました。重要と思われますのは旧三和銀行―名古屋の東海銀行と合併してUFJ銀行になりましたけれども―の資料でして、それが先ほど申しました大阪大学経済学部の経済史経営史資料室に寄贈され、いまでも保管されています。そのほか、大同生命の資料が寄託されておりますし、廃棄が決まっていた大阪府立産業開発研究所の所蔵資料が経済学部の資料室という別の所に引き取られました。こうした広い意味での企業資料の相次ぐ寄贈の背景は要するに、バブル崩壊後の大不況下で、各社各機関がアーカイブズを持つことが困難になってきたということですね。先ほど申し上げたイギリスのランカシャー地方と同じように、日本でも企業資料が大きな大学図書館などに寄贈される時代が来たわけです。ただ問題は、大阪大学のような国公立大学が、あとでお話しします法人化の影響によって、予算と人員の両面で年々厳しくなってきておりますので、そうしたありがたいお話も必ずしも受け入れられなくなりつつあることです。関連した問題をお話しいたしますと、先ほどの日本紡績協会の一次資料を閲覧したいという方が来られたとします。

ところが、それに対応してくれる人が配置されなくなったので、結局、私ども教員が時間を割いて対応せざるを得なくなる。これはたまらない、ということですね、そこで私は、マイクロフィルムの老舗の雄松堂さんにお願いしまして、紡績協会資料のうちの一次資料の分をDVDで出版していただくことになりました。

この二〇〇〇年代にはもう一つ、大学アーカイブズを創ろうという動きが出てきまして、なぜか私にその大役が回ってきたのですけれども、このお話は、のちほど詳しくさせていただきます。

二〇一〇年代の経験―企業史料協議会・東洋紡社史・帝国データバンク展示―

二〇一〇年代に私が大阪大学にいた時期はあまり長くはなくて前半の四年間だけでしたけれども、その間には、詳しく申し上げませんが、本日の催しを企画してくれている企業史料協議会とのご縁ができまして現在に至るまでいろいろお世話になっております。また東洋紡の一三〇年史の執筆をさせていただき、その折に東洋紡の社史室という本格的なアーカイブズの素晴らしさを知ることができました。そしてこの春には、帝国データバンクの史料館に、地場産業に関する展示の件で大変お世話になりました。そこでも本格的アーカイブズの大切さを学んだ次第です。

なお、大阪大学の終り頃に科研費で中国上海市のアーカイブズ三か所を見てまいりましたけれども、なかなか素晴らしいものでして、日本よりはるかに進んでいると思われる面がいろいろございました。

大阪大学アーカイブズの構築

これからが本論の大阪大学アーカイブズのお話です。二〇〇四（平成一六）年春に突然降ってきたのですが、大阪大学にアーカイブズを創る仕事の責任者になりました。その後ようやく二〇一二年一〇月に大阪大学アーカイブズができまして、その半年後の二〇一三年四月にはこのアーカイブズに対して内閣府から公文書管理法に基づく国立公文書館等の指定を受けることができました。私は二〇一四年四月に国士舘大学に移りましたので、その少し前までのちょうど一〇年間、大阪大学でアーカイブズの設立とその初期の運営に務めるという仕事をさせていただきました。以下では、その経緯について申し上げたのちに、その経験に基づきましてアーキビストに関する私見を述べたいと思います。ただ、このあとのお話は企業アーカイブズとはだいぶ違う大学、それも国立大学のアーカイブズに関するものであることをご承知下さい。

背景―近年における国立大学の変化―

私の経験の背景としまして近年における国立大学の大きな変化についてお話ししておく必要があるでしょう。私立大学でもアーカイブズをお持ちのところは多いですね。そこでは、建学の理念が国立大学以上に重視されていますので、それを示す施設がよく設けられています。また今申し上げた機能も備えながら、大学史の編纂室を基礎にして大学史資料館というような施設を設けているところもかなりあります。そうしたところでは普通、歴史学関係の専任教員が館長といった役職に就くのですけれども、実際の日々の仕事は事務職員の方が担当することが少なくありません。事務職員は、何年か実務を積めば立派なアーキビストになれるのですけれども、当初はほとんど何も経験がないままそこに配置されることが多いようです。私大のこうした施設では、自校史に関する資料の収集・整理・保管と展示、外の方に対する自校のPR活動、在学生に対する自校史教育、教職員に対する自校史の研修指導、そして大学史の編纂が大きな仕事であるというところが多いと思います。

一方国立大学では、大学史の編纂を契機に大学史編纂室を設けることもあるのですけれども、それは比較的大きい大学に限られておりました。ただ、一九九九（平成一一）年という年は、新制大学ができてちょうど五〇年目に当たっていましたのでその時を目標に、多くの国立大学が、かなりの準備を重ねて五十年史を編纂し、完成させています。

しかし、そうした大学史編纂室が大学アーカイブズに移行するとなりますと、それは必ずしも容易ではありません。なぜかと言いますと、まず二〇〇一年度に情報公開法という法律が施行されまして、国立大学に限られますが大学アーカイブズも、保存期間が満了した後の行政文書の受入れ機関となります。そして二〇〇四年に国立大学の法人化という大変革が実現しまして、それを契機に旧帝国大学クラスの比較的大きな国立大学で、実際にはもともと大学史編纂から出発した機関が文書館などと称する本格的なアーカイブズに変わっていくことが目立つようになりました。なお、先ほど行政文書という言葉を使いましたけれども、これは国立大学が法人化した後には法人文書という名前になります。

ただこの動きが進んだのは限られた大きな大学だけでした。二〇〇四（平成一六）年当時の主な例を列挙しますと、まず東北大学史料館です。東北大学では一九六〇（昭和三五）年に五〇年史編纂事業を終えたあと、そこで収集した資料を継承するために六三年に日本初の大学アーカイブズである東北大学記念資料室ができまして、これが二〇〇〇年に情報公開法に対応した東北大学史料館となります。以下は二〇〇四年時点の名称を挙げますが、名古屋大学大学文書資料室、東京大学大学史史料室、九州大学大学史料室、京都大学大学文書館、金沢大学資料館、広島大学文書館、こういった大学アーカイブズが二〇〇〇年前後にできていきました。これらの大部分はさらに公文書管理法に則った本格的アーカイブズになっていくのですが、この公文書管理法の対象となるには、広い面積を持ち温湿度管理や害虫駆除に対応した収納庫のほか閲覧室や展示場のような施設を備えることなどいろいろな条件をクリアーしなければならず、そう簡単には国に認められませんので、当面の文書館の設立は施設面でも財政的にも余力のある大手の大学にとどまっていたわけです。

大阪大学での契機―二〇〇四年三月―

それで大阪大学の話になるのですけれども、二〇〇四年の春に河上誓作文学研究科長の訪問を受けました。大阪大学は二〇世紀末に大学院重点化という変革を終えておりまして、表看板が以前の学部に代わって大学院になっておりました。世間の方が聞かれると奇妙に思われるかもしれませんけれども、学部長ではなくて研究科長という職が各部局で一番重要な役職になっておりました。その文学研究科長の河上誓作先生、それから河上先生のご学友で大阪大学出版会の編集者をされていて、有名なアーキビストでもある大西愛さんなど数名の方が私の研究室に突然来られまして、以下のお話をうかがいました。一九八〇年代前半に『大阪大学五十年史』の編纂執筆に関係した先生方が、「今まで集めた資料ももちろん管理しますけれども、今後も大学史の編纂は続けるべきであって、その関連資料を引き続き日常的に集めておく必要がある。そこで大学史編纂室を是非大阪大学の中に置いていただきたい」と、時の総長に依頼したのですが、却下されたそうです。そこで私に、「近年は大学史編纂室よりもより活動の幅の広い文書館が国立大学では主流になってきているけれども、旧七帝大のうちで文書館ないし大学史資料室がないのは阪大だけである。そこで法人化を契機に、この大阪大学でそれを実現してほしい」と言われました。そこで、「何で私が?」と思ったのですけれども、どうやらこういうことらしい。私が所属していた大阪大学経済学研究科の表看板が経済学部であった最後のころに、『大阪大学経済学部五十年史』を出そうということになっていたのですけれども、編集が頓挫していまして数年が経っておりました。いろいろな事情があったのですけれども、私が一人で二〇〇一(平成一三)年の夏前から一年ぐらいで大体全部片付けまして、そのあともう一年間に手直しを重ねて二〇〇三年秋に大阪大学出版会から出していただいたんです。そのときの編集担当者が大西さんでしたが、どうやら私の仕事ぶりを過大評価されていたようです。それで、私はご依頼を固くお断りしたのですけれども、どうも断り切れず、結局お引き受けした次第です。

文書館（仮称）設置検討ワーキングの発足

このお話があったときに、「こんな荷の重い仕事はできません」と申し上げたところ、皆さんが、「旧七帝大の中で文書館あるいは大学史編纂室がないのは大阪大学だけだと阪大総長に申し上げれば通るだろう」と、言われました。実はこのお話があった前の年の夏に総長に就任されていた宮原秀夫先生は、幸いにして私と個人的に繋がりがありました。その一〇年以上前からCSKという会社がスポンサーになってくれていた文理融合型の面白い研究会「アエラス・フォーラム」が続いておりまして、半年に一度くらい宮原先生にはお会いしておりましたのでお話がしやすかったという事情がありました。宮原先生は、インターネット研究の権威なのですけれども、文科系の学問にも大変ご理解がある方で、それも幸いいたしました。それで、先ほどのアドバイスの通り「七帝大の中で云々」ということを先生に申し上げたら、文書館の必要性を直ちにお認め下さいました。

『大阪大学経済学部50年史』

宮原先生が総長に就任された翌年で、河上先生や大西さんから私へのご依頼があった直後の二〇〇四（平成一六）年四月に国立大学の法人化が実現したのですけれども、それに伴う機構改革のなかで、大阪大学本部に総合計画室という組織が設けられまして、ここが文書館設置の面倒を見てくれることになりました。担当していただいた理事・副学長の鈴木直先生が大変ご親切な方でして、私を主査とする「文書館（仮称）設置検討ワーキング」を翌二〇〇五年初めに組織して下さった。その委員もお考え下さいまして、総合計画室の担当者の則末尚志先生をはじめ図書館、総合学術博物館、それから主要な部局―理学、工学、文学、法学、医学の各研究科、教育実践センター（旧教養課程の後身部局）、サイバーメディアセンター（全学情報処理関係の部局）と、こういったところの先生方と、それからオブザーバーとして大西さん、以上のメンバーで、このワーキングが発足することになり、こうした方々との長いおつきあいが始まりました。

アーカイブズに関する勉強

それまで私はアーカイブズに関して、ユーザーとしてはいろいろとお世話になっていましたけれども、アーカイブズとは何かとか、どうやってそれを設立・運営するのかといったことに関しては全く知識を持っておりませんでした。まず安藤正人や安澤秀一といった著名な方々のご著書を読んでみましたところ、先生方がお書きになったものが決して悪いというわけではなく、私に理解する能力がなかっただけのことなのですけれども、さっぱりわからず難しくてついていけない。また、大学アーカイブズは、何年かかるのかわからないけれども、ともかくある程度早く創らなければいけない。そうなると具体的に何をしていいかわからないわけです。そこで、大西さんとお話ししていく中で、全国大学史資料協議会という大学アーカイブズ関係の、私立大学、国公立大学の両方を含む全国団体があることを教えてもらいました。阪大でもこれまでに大西さんや、医学史にご造詣が深い薬学ご専攻の米田該典（かいすけ）先生が個人会員として参加してきたので、私もまず個人会員にしてもらって、その研究会や全国大会になるべく参加いたしました。記憶は定かではないのですけれども、この協議会の集まりかあるいは大西さんの紹介かで、まもなく京都大学大学文書館の西山伸さん、そして広島大学文書館の小池聖一さんという、大学アーカイブズの研究と実践の両面にわたって最先端を切り開いておられた両先生と知り合いになりました。お二人とも素人の私の相談に大変ご親切に乗ってくださいましたので、研究会やその後の懇親会等で、国立大学でアーカイブズを実際どうやって創っていったらいいのかを、折に触れて教えていただきました。

　さらに、鈴木先生のご尽力で文書館検討設置ワーキングにある程度の予算をつけていただきましたので、各委員を旧帝大系の国立大学のアーカイブズに派遣して、それらの設立経緯や運営実態を調査することになりました。委員の皆さんに集めていただいた情報も貴重だったのですけれども、私自身の場合は九州大学と北海道大学にお邪魔しまして、そこで折田悦郎先生や井上高聡（たかあき）先生から重要なご教示を多数賜りました。そうした耳から聞いた情報は、大変有益でした。

文書館設置準備室の発足

この文書館設置検討ワーキングで一年半ほど検討を続けました。そして二〇〇六（平成一八）年七月に文書館設置準備室という組織が発足し、室長を私が担当することになりまして、専任講師一人、事務補佐員二人を割り当てていただきました。場所に関しては、豊中キャンパスの中に先ほど触れたサイバーメディアセンターという情報関係の工学系の施設がございまして、そこの教員研究室がたまたま二部屋空いたので、それらを拝借して実務を始めました。そこで専任講師を公募してみますと、二十数名というたくさんの方が応募され、書類選考を経て六人ほど残っていただいて、面接を行なった結果、広島大学文書館の設立に関わった菅真城（かんまさき）さん―あとで詳しくお話ししたいのはこの方のことなのですけれども―に決定し、この年の一〇月に同氏が着任されます。彼は非常に有能なアーキビストでした。

アーカイブズ設置まで

以下は文書館設置準備室ができてから、あとで申し上げる二〇一二年一〇月の大阪大学アーカイブズが設置されるまでの六年三か月間のお話になります。一年に二度ほどになりましたけれど、文書館設置検討ワーキングは引き続き開催されました。そこでは主に活動報告と設置に向けた模索の協議が続けられました。設置準備室の最大の目的は、事務方が実際に日々使っている現用文書、それが法人文書と呼ばれるわけなのですが、その保存期間が一応決まっております。永久保存から一〇年、五年、一年等です。その保存期間が過ぎた文書を予め設けた受け入れ方針に基づいて、アーカイブズができた暁には、そこに移管いたします。そのうち大半の文書を廃棄したのち、厳選された文書を整理・保存・公開する。以上がのちに申し上げる大学アーカイブズの最も重要な目的なのです。

設置準備室が当時、実際に何をしていたのかと申しますと、まず、このアーカイブズができて動き始める前に、毎日生み出されていく現用文書のうち、今後移管される法人文書がどれを対象としていくのか、それらの保存期限は何年にするのかを決めておく必要があります。それから、受け入れて行く法人文書の量が毎年どのぐらいになるのか、これを検討しなければなりません。そしてそのために必要な本棚の量を推計する必要があります。これは阪大本部の事務局の方が手伝って下さいました。それから、学内の各部局、例えば経済学研究科・経済学部に、重要な文書が何か残されているわけですね、例を挙げれば教授会の記録といったものがどのぐらい残っているのかということを問い合わせました。さらに大学本部と各部局、つまり全学に対して、「これから文書館を創りますから、文書を安易に捨てないでください」というお願いをしました。また、定期的に、あるいは随時に、本部も各部局も配布物・出版物の類を出していますので、「今の時点からで結構ですので、それらをこれから先ずっと設置準備室に送ってください」と依頼しました。

ただし、そうした様々な文書のうち、本部や各部局に保存されている法人文書の移管自体は、文書館ができてからの仕事で、設置準備室に法人文書を移すことはできないわけです。そこで設置準備室は、他に何かしなければいけませんが、仕事はいっぱいあるんです。まず『大阪大学五十年史』の編纂時の資料が総合図書館内の貴重書を保管している書庫に未整理のまたくさん残されていまして、整理してみると結構なくなっていました。おそらく先生たちが持って行っちゃったんでしょうね、元教員の保管していた大学紛争の時のビラや卒業生が持っていた学生時代の講義ノートなどの寄贈資料も受け入れることになりました。それから二〇〇六（平成一八）年度に全学共通科目（特定の学部のためではなくて全学の学部生向けに、入学後早いうちに履修しなさいという科目）の「大阪大学の歴史」という二単位科目（毎週一回九〇分一コマ半年間の講義）を、文書館設置検討ワーキングでお世話になっていた大学教育実践センター長の高杉英一先生のお計らいで設置させてもらいまして、設置準備室がこれを組織し、各部局の研究科長クラスの先生方に一コマずつの講義をお願いして運営していくことになりました。それから、主に名誉教授の先生方に大阪大学在職中の思い出を語ってもらうビデオを撮影し、さらにお話をテープ起こしし、校閲した上で原稿化しましたが、予算が付きませんでしたので私のおりました経済学研究科の研究紀要『大阪大学経済学』に掲載していきました。このヒアリング記録の大部分は、インターネット上の大阪大学大学院経済学研究科資料室のサイトにある「大阪大学経済学」の箇所からダウンロードできます。そのほか、設置準備室のホームページを立ち上げ、また、電子メールによって学内外の関係者にニューズレター『大阪大学文書館設置室だより』を発信しました。ニューズレターはその後も続いておりまして、今は『大阪大学アーカイブズニューズレター』と言っています。こうして、一機関としての活動実績を積んでいったわけです。先ほどふれた全学共通教育科目を何年か続けていく中でまとめました教科書『大阪大学の歴史』（大阪大学出版会、二〇〇九年）は、今でも阪大で使われているようです。私と菅さんと、先ほどお名前を挙げましたが、その後理事・副学長になられた高杉先生の三人が編集し、執筆者はその三人のほか、授業を担当された各部局の先生方でした。

こうした活動を行っていた間には、苦労話になるんですけども、設置準備室に対して、学内からいろいろな批判を受けました。批判は教員からも事務方からもありましたが、教員からはとくに厳しい批判がしばしば投げかけられました。このペーパーレス化・デジタル化の時代に場所ばかりとる古い資料などを取っておいても何の役にも立たない。図書館や博物館がすでにあるのに、今さらお金のかかる、似たような施設を何で創る必要があるのか。文書館などできたところで一年間に利用者が何人来るのか。学内で色々と活動をしている部局があるなかで設置準備室の顔がさっぱり見えてこない。このような批判を折あるごとに言われました。菅さんと私は、これらにはできるだけ冷静に対応しなければいけない、と常に話し合いまして、先ほどのニューズレターに二人でそうした批判への反論を可能な限り文章化していきました。もちろん批判した方たちがそれを読んでくれることなどは期待しておりませんでしたが、それらをまとめておいたことは、類似の批判を受けた場合の対応にはずいぶん役立ったように思います。そうした文章は、先ほど述べましたように大阪大学アーカイブズのホームページからダウンロードして読むことができます。

その間の二〇〇七（平成一九）年八月に総長が先ほどお名前をあげた宮原先生から鷲田清一先生に代わりました。それに伴って理事・副学長も交代しますが、新しい理事・副学長の皆さん、とくに総合計画室ご担当の西田正吾先生は設置準備室を親身になってご支援下さいました。二〇〇九年度には第二期中期目標計画がまとめられました。国立大学が法人化すると六年計画を立てなければなりません。その際、数値目標を掲げて、計画の途中そして終了後にはその達成率を国にきちんと報告しなければいけないということになりました。その中期目標にも関連しまして、期間中の早いうちに文書館を阪大の中に設置することを大学当局が認めてくれました。さらに、この中期計画が公表される前の二〇〇七年一〇月に大阪大学は大阪外国語大学と統合して新生大阪大学ができたのですが、その旧大阪外大がありました箕面キャンパスの建物の一部を二〇一一年四月から設置準備室が使ってよろしいということになりました。それから元学部事務長クラスを再雇用する嘱託職員をお一人〔藤井勝博氏〕配置してもらえることになりまして、大いに助かりました。

アーカイブズの設置（二〇一二年一〇月）

こうして、いよいよ二〇一二年一〇月に大阪大学アーカイブズが設置されます。その前年の八月に大阪大学では総長が交代しまして新体制になった。これまでのお二人の総長には文書館の話がすっとつながっていたのですけれども、新しく総長になられた平野俊夫先生の場合、そのつながりが少々悪かった。そこで私が、新総長と新しい執行部の方に設置準備室の過去の経緯と今後の文書館の実現について、もう一度ゼロから説明するということになり、それだけでも大変苦労いたしました。

この間に本部事務方から、文書館という名称について異議が提出されます。私は当初から京都大学や広島大学が使っている文書館という名前で行こうと思っていたのですけれども、「文書館という名前だと図書館や博物館と同格になり、そうするとその長は図書館長、博物館長、さらには大学院研究科長(いわゆる学部長と同じだとお考え下さい)と同様の扱いになるはずだが、財政事情から文書館長には手当が出せない」ということなんです。そこで「例えば文書資料室というような名称(記録も残っておらず確認はできなかったのですけれども)の格下の組織にせざるを得ず、そこの長の肩書は館長ではなく役職手当が出ない室長になる」とのことでした。私は手当が出る出ないなどはどうでもいいことだと思ったのですけれども、問題はその文書資料室とかいう、いかにも役所的なつまらない名称でした。「それだけはやめてほしい」と懇願しましたところ、「ではどんな名前がいいのか」と聞かれましたから、「大阪大学アーカイブズという名前がよろしい」と即座に答えましたら、「公的機関でアーカイブやアーカイブズという名前を使っているところがあるのか」と聞かれた。そこでまた直ちに、「日本銀行金融研究所アーカイブがある」と言ったら、収まりました。阪大もお役所なんだなとつくづく思いました。

アーカイブズの新しい担当理事は恵比寿繁之先生で、この方も非常にご親切でした。先ほど少々辛口の思い出をお話ししましたけれども、本部の事務方も、私が「とにかく八年間余りも頑張ってきたのだから」、ということで折に触れて助けて下さり、感激したこともたびたびありました。それでまあ、めでたく二〇一二（平成二四）年一〇月に大阪大学アーカイブズが発足いたします。

発足時の大阪大学アーカイブズの組織

できた時のアーカイブスの組織は、菅さんが全部考えてくれたのですが、大事な点は法人文書資料部門そして大学史資料部門という二部門に分けたことです。法人文書資料部門は公文書管理法で言うところの国立公文書館等に対応いたします。つまり、大阪大学で作られる法人文書を移管・整理・管理する部門です。大学史資料部門は、比較的わかりやすいと思います。私たちが普通イメージする資料館でして、私立大学のアーカイブズは大体これです。公文書管理法では歴史資料等保有施設といわれておりますが、公文書管理法の対象にはなりません。しかし、これもそれなりに重要だということで、二部門に分けることにしました。

大阪大学アーカイブズができたあと、文書館設置検討ワーキングは解散になりまして、アーカイブズ運営委員会が新しく設けられました。この委員会は、学内の関連各部局にご協力を願って、委員に選ばれた先生方にときどき集まってもらってお知恵を拝借するという組織です。

内閣総理大臣の指定（二〇一三年四月）

決定的に重要であったのは半年後の二〇一三（平成二五）年四月に大阪大学アーカイブズ、正確に言えばそのうちの法人文書資料部門が、内閣総理大臣から公文書管理法に基づく国立公文書館等として指定されたことです。先ほど申しました大学史資料部門も総理大臣の指定を受けて歴史資料等保有施設となりました。私がこれらの指定の実現を目指しましたのは、国のお墨付きが得られるからです。国立大学は今どんどん変わりつつありますけれども、今後どのように変わっていこうとも、嫌な言い方かもしれませんが、大学当局によって恣意的に潰されない組織を作ることこそ重要だ。これが私の本音の目的でして、ここでようやく、それを達成できたわけです。

阪大アーカイブズがなぜ実現できたのか？

先ほどお話しした経歴からお分かりの通り、私はアーカイブズに関して全くの素人です。基礎知識もないような者が手探りで、アーカイブズを約一〇年間で何とか創り上げることができました。大阪大学はこれまでのお話からもわかっていただけるでしょうが、巨大な官僚組織です。自分でも、それを相手によくまあアーカイブズができたものだと思うときがあります。もちろん大阪大学内外で私を支えてくださったたくさんの方々のおかげでもあります。

ただ、菅さんに来ていただく一年半の間、たくさんの方々から助言や意見をいただいてはおりましたが、私は誰か特定の方の意見にすがりつくことはどうもできず、それをむしろ意識的に避けました。自分なりに、そうしたお話からいいとこ取りをしながら、自分一人で判断ないし意思決定をせざるを得ませんでした。そのやり方は、手前味噌なのですけれども、自分では現在、次のように位置づけております。半導体の分野の世界的企業であるアメリカのインテル社には最小情報原則という問題解決のアプローチがあります。どういうことかと申しますと、何か問題に直面したときには、大雑把な見当だけつける。その方向で行けるところまで行って、それでできなければ元に戻ってもう一回やり直す。こういうやり方です。だから、例えばアーカイブズ論の主要な業績を全部フォローして、それらを参考にしながら、水も漏れないような論理を作るなどという正攻法は採らないということです。もちろんこの理屈は後付けでして、当時は意識しておりませんでしたが、今思い出しますと、この最小情報原則に従って行動し、それがよかったと感じております。

繰り返しになりますが、私は素人でして、とても自分一人でアーカイブズを全て創り上げることなどできなかったわけで、ここが今日の話のオチになるのですけれど、最初の一年半、最小情報原則で何とか頑張ったところに、優れたアーキビストの菅さんがきてくれたから、それが可能になったと思っています。私の室長としての任務は、まず設置準備室という組織ができたので、その組織を守ること、さらにそれを、政府の保証付きのアーカイブズにすることでした。大学当局に対してそのための交渉をすること、とくに予算と人事に関してお願いして、お金と人員の確保に努めることが具体的な仕事でした。アーカイブズの実務は菅さんを信頼し、すべてお任せして、一切口を挟みませんでした。ただ、大学当局と交渉すると言いましても、いろいろと準備が必要ですね。例えば公文書管理法についても私は十分な理解が足りないところがあるから、必ず不明な点が出てきます。そうしたテクニカルなことは、初歩的なことでも菅さんに教えてもらうようにしました。それから、重要な判断をするときも、必ず彼と打ち合わせることにしていました。

菅真城氏の経歴

広島大学文書館を立ち上げた中心人物のお一人である菅さんはどういうご経歴かと言いますと、広島大学文学部で日本古代史を学び、広大の大学院で研究を続けていたのですが、途中でアーカイブズ論に転じました。一九九九（平成一一）年に広島大学五十年史編集室に勤務したのち、広島大学文書館助手となりました。そして、すでに申し上げたように二〇〇六年一〇月に大阪大学文書館設置準備室に講師として着任し、二〇一二年一〇月、新設の大阪大学アーカイブズの准教授に就任しました。私の離任後になりますが、二〇一五年四月には教授に昇任し、二〇一七年八月より社学共創本部（のち共創機構社学共創本部）に配置換えとなり、今日に至っています。順調に昇進されているように見えますが、昇任の可能性が出て来るたびに、その上のポストに関して公募をして、そこでの競争に勝ち抜いてそのポストに就くということを繰り返されてきましたので、決して安定的なポジションではありません。それでも実力がおありだから教授になっておられます。最近では記録管理学会の会長もされています。菅さんのご著書『大学アーカイブズの世界』（大阪大学出版会、二〇一三年）は、大学アーカイブズ論の分野では個人が執筆した学術書としては全国でも確か第二番目と聞いていますけれども、このご本で博士号を取得されました。

アーキビストについて

　ようやく本日のテーマであるアーキビスト論に近づいてまいりました。今日お話しした大阪大学のケースは、国立大学といういろいろな法規で固められた、やや特殊な世界の事例でして、それを一般化して、大学でのアーキビストはかくあるべし、としてしまうのも危険だろうと思います。国立大学のアーキビストは、私立大学の場合と同じく、菅さんのように日本史を中心とした歴史畑ご出身の方が多いのですけれども、国立大学ではその他、官庁関係の公文書の一種を扱いますので、法律に造詣の深い方もおられます。大学アーカイブズは、地味な分野ですので、優秀でありながらパーマネントな職になかなか就けない方がたくさんおられます。ただ、人材がたくさんいること自体は、大変いいことだと思いますけれども。

大阪大学アーカイブズ書庫で資料を見る菅真城氏
（2019 年 8 月）

　最近は、学習院大学や駿河台大学などでアーカイブズ論を専門的に学ぶ方が出てこられ今後の活躍が大いに期待されます。ただ、個人的な意見を申し上げますと、学校で学ぶこと以上に実務経験ははるかに大事だと思われます。これは大学に限らず、企業も含めてすべてのアーキビストに言えることでしょう。

私立大学のアーカイブズの場合、特別な職業的トレーニングを受けたアーキビストが都合よく赴任してくれることはあまりないようでして、一般の事務職員の方が、大学史資料室などに偶然配置されたというケースが多いようです。この点は企業アーカイブズの場合と共通しているように思います。理想を言えば、そうした機関にもアーキビストとしてのトレーニングを積んだ方が来てくれれば、それに越したことはありませんが、その条件が実際にないのならば、アーキビストを現場のOJT（On-the -Job Training）で育てていく以外になかろうと思います。ただ、そうした方々が、なるべく長い期間アーカイブズで働いて下さらないと、良いアーキビストにはならずに中途半端で終わってしまう危険性がありますね。

結語

今日は企業アーカイブズに関する私の経験を述べたあとで、大阪大学アーカイブズの設置の経験を申し上げ、最後にそれを通じて知った大学のアーキビストについて私見を述べました。本日のテーマである「良きアーキビストとは？」という問いなのですけれども、私はきわめて簡単に考えておりまして、一番重要なことは、資料の受け入れと整理と公開を粛々と進めることで、さらに言えばその過程で、ご自分が担当した資料に関する理解を深めるように努めることだと思います。次に、資料の閲覧者、あるいは資料に関する問い合わせに対して懇切丁寧に対応することだと思います。それに関連してあえて申し上げますと、日本の場合、アーキビストの社会的認知度が極めて低い。それを改善するために講演、展示、そして研修の講師、こうした場で遠慮せずに実力を発揮してアーキビストの存在感を高めることだろうと、考えております。アーキビストの皆さんがよく心配されている予算や人事（ポストの数）とかいったことはアーキビストの本来の仕事ではないと思います。もっとも、そういう危機感を、現場について一番よくわかっているアーキビストが管理者に伝えることは大事だとは感じますけれども、こういった苦労は管理者が負担すべき仕事だと思います。最後にもうひとつ申し上げたいのは、資料や情報の提供こそがアーキビストの仕事だと思うのですけれど、それに関連するからと言う理由で、大学史や社史の執筆をアーキビストに丸投げすることが実際にはしばしば行われております。人手不足のため、本来の仕事ではないことは承知の上、やむをえず管理者が執筆をアーキビストにも依頼するのであれば致し方ない面もあるのかもしれませんが、最初から、年史や社史の編纂・執筆をアーカイブズの仕事と思い込んでいる管理者が現実にはかなりおります。アーカイブズは社史や大学史の編纂委員に資料を提供する所であって、それらの執筆を依頼すべき所ではないことを管理者の方には是非認識してほしいと思います。それではこれで終わらせていただきます。ご静聴ありがとうございました。（二〇一八年一一月）

第五章　大阪大学アーカイブズの構築

(1) 大阪大学文書館設置準備室だより発刊に寄せて

大阪大学文書館設置準備室長
阿部武司

このたび、大阪大学文書館設置準備室の活動を一年間に二度ほど、大阪大学の学内にとどまらず学外のアーカイブ関係者にも広くお伝えしようという趣旨から文書館設置準備室だよりを発行することにいたしました。

当準備室の設置の発端は、大阪大学の法人化を目前に控えた平成一五年度末〔二〇〇四年早春〕に、かねてから大阪大学に文書館ないし大学史編纂室が設置されていないことを憂慮されていた数名の先生方のご要望を受けて私が窓口となり、当時の宮原秀夫総長をはじめとする理事・副学長の先生方に、文書館の設置の必要性をご説明申し上げたことです。

平成一三年に情報公開法が施行されたこと、国立総合大学では文書館の設置が増えていたことなどからみて、大学史編纂室ではなく文書館の設置が必要であるという私の主張は、幸いにも先生方からご理解がすぐに得られ、平成一七年一月に大阪大学総合計画室の下に文書館（仮称）設置検討ワーキングを設けていただけました。現在でも続いております同ワーキングには私のほか、総合計画室、湯川記念室（理学研究科内）、総合学術博物館、大阪大学教育実践センター、附属図書館、文学、法学、工学、医学の各研究科、サーバーメディアセンター等の部局から委員の先生

大阪大学豊中キャンパス文書館設置準備室にて。前列左より阿部、盧明煥韓国外国語大学教授。後列左より菅真城、進藤修一大阪大学外国語学部准教授。

方が選出されました。私は率直に申し上げて、アーカイブは使うことはあってもそれに関する専門知識が皆無に近く、そうした甚だ頼りない座長の下でも、皆様はご多忙にもかかわらず文書館設置に向けて真摯にご尽力して下さいました。一〇回に及ぶ会議を経て、国立大学法人大阪大学の最初の中期計画が完了する平成二一（二〇〇九）年度末まで大阪大学文書館設置準備室を設置することを平成一八年夏に大阪大学当局に認めていただけました。準備室の設置は同年七月一日となり、広島大学大学文書館の設置にあたり実績をあげていた菅真城（前、同大学助手）が専任講師として一〇月に赴任し、一〇～一一月には田村綾、辻義浩の両名が事務補佐員に就任しました。

この一年間の当準備室の活動につきましては、以下でご説明するとおりですが、要するに大阪大学のいわゆる法人文書、および大阪大学の歴史に関する資料の収集・整理・保管をするところです。集めた資料は全てを保存するのではなく、実は大部分を廃棄し、最終的には数％の本当に必要な資料だけを残します。私を含む以上四名は、次期中期計画の実施の暁には、資料の公開をも実施する本格的な文書館を実現できるよう日々努力しております。

上記ワーキングの設置以前より、多数の方々からご指導ご支援をいただきましたが、とりわけ前、総合計画室長・理事・副学長の鈴木直先生、前、総合計画室員・理学研究科教授の則末尚志先生、ならびに事務局の関係各位から賜りました並々ならぬご厚情には、この場をお借りして心より御礼申し上げます。

日本という国は、多くの諸外国とは逆に、歴史的資料の保存にはまことに消極的です。それは明治維新期や終戦時に実施された大量の文書の焼却処分にも現れておりますが、すでにふれた情報公開法も企業や官庁では資料の廃棄を促進しているように見受けられます。こうしたことが進められますと、過去の歴史に対する客観的な評価が不可能になりますし、私たちが日々苦労して積み上げてきた貴重な知恵も忘れ去られてしまい、将来に禍根を残すことは明白です。大阪大学に直接関わる例を挙げますと、平成四三（二〇三一）年頃には『大阪大学百年史』の出版が期待されますが、ある歴史家〔宮本又郎大阪大学名誉教授〕によれば、そうした年史の作成には一〇年の歴史に対して一年間の準備が必要だそうですから、その編集委員会は平成三三年頃には発足しなければならないでしょう。けっして遠い先ではありませんが、その時になって「資料がない」ということでは大変具合が悪いことになります。文書館は、『大阪大学百年史』の出版を直接の目的とするわけではありませんが、大阪大学に関する重要な資料を集めて整理・保管しておくことの重要性はこの例からも明らかでしょう。

発足してまもない小さな組織ではありますが、大阪大学文書館設置準備室へのご支援をどうぞよろしくお願い申し上げます。（二〇〇七年二月）

（2）大阪大学の歴史から学ぶもの

様々な意味で社会の変化が激しい昨今、「古いことなどどうでもよい。大切なのは現在と未来だ。歴史研究などは一部の好事家の道楽にすぎない」と考える人が今の日本人には少なくないように思われる。しかしながら、私たち個々人の歩みを思い浮かべてほしい。意識するにせよしないにせよ、両親や知人などからの伝聞や自分自身の経験が、ある個人の現在を形成している。学校などで習得した知識も、われわれの祖先が後世に残してくれたものである。過去の知識や記憶が基礎となって現在の自分があるのであり、さらにいえば将来の指針もそれらに基づいてはじめて立てられるのではないだろうか。個人に限らず、企業や大学などの組織、さらには国家の場合でもことは同様である。困難に当面したとき、十分考えるゆとりもなく周囲に追随し右往左往しつつ、結局は時間を無駄に費やしてしまいがちな今日、一息ついて先人の知恵に学ぶことは大いに有益なのである。温故知新という格言は現在のような激動期にこそ重みを持つものと思われる。

日本人は国際的にみて、過去のことは「水に流す」という文化の中で生きているようである。しかし世界では、栄光に満ちたことであれ反省すべきことであれ、過去の出来事を絶えず思い出し、それらを現在そして未来に生かすことに努めている国が少なくないのである。欧米先進国のみならず中国や韓国などでも過去の記録を文書館にきちんと残しているのであり、そこに保存された、信頼するに足る資料に基づいて歴史を記述することがしばしば伝統となっている。近年の教科書問題で、中国や韓国から寄せられた、戦前・戦中における日本の侵略行為に対する批判に日本政府が適切に対応できないのも、自国の過去に関する思索が日本人には希薄であるという重要な問題と関連している。

さて、大阪大学のルーツが懐徳堂と適塾であるとされていることは阪大関係者には共通の認識となっている。しかし、これら二つの学校がその後、大阪大学にどのようにつながっていったのか、さらに現在の阪大で進められている世界最先端の研究に、それらがいかにして結びついているのかと問われた時、多くの阪大関係者は明快に答えられないのではないだろうか。

大坂商人が享保年間（一七一六～三六年）に設立した懐徳堂は幕末・明治維新期に衰退して消滅したのち、大正年間に西村天囚等によって重建懐徳堂として再建されたものの、太平洋戦争期の空襲で壊滅した。戦後、一九四九（昭和二四）年に阪大文学部が創立された際、奇跡的に焼け残った重建懐徳堂の蔵に残されていた漢籍類をはじめとする資料が阪大に継承されることになり、その後現在の文学研究科および附属図書館によってそれらが管理されている、というのが阪大と懐徳堂との関連である。適塾については、明治初年にそれが消滅したのち、大阪に設立された医学校に緒方洪庵の息子惟準（これよし）をはじめ、適塾で学んだ有志が教員として奉職し、同校がその後大阪府立医科大学を経て大阪帝国大学医学部につながっていったというのが大筋である。ただし、大阪医学校における教育の主力は、適塾関係者というよりはむしろボードウィン、エルメレンス、マンスフェルトという三人のお雇い外国人であった。また、適塾が医学者もさることながら福沢諭吉、大村益次郎、橋本左内といった思想家、軍人、政治家などを輩出した事実にも注目しなければならない。このように見てくると、懐徳堂および適塾と阪大とのつながりは必ずしも直接的ではないといえそうであるが、二つの学校で培われた自由闊達な学問の精神、あるいは、お上に頼らず、おもねらない気風が受け継がれているとされているのであろう。

しかし、「そうした懐徳堂と適塾の精神に支えられて、現在の阪大の世界最先端の研究があるのだ」と言いきるのに、私はまだためらいを感じる。両者の間に存在した夥しい史実、とりわけ大阪帝国大学成立以降の知識があまりに知られていないからである。大阪大学に在籍する教職員と学生には阪大自体の歴史を学ぶことがいま必要であろう。懐徳堂と適塾と現在の阪大とのつながりを知ることももちろん大切であるが、それ以上に、戦後の新制大阪大学の設立前後に、すぐれた研究・教育がいかになされてきたのかをきちんと認識してはじめて、自分の学校・職場に対する誇りが得られよう。さらに教職員は、過去に先輩たちが、大学運営にかかわる様々な困難をいかにして克服してきたのかをみることによって、阪大の将来に対する具体的な指針を得られよう。人間は過去にも現在と同じような問題に案外と当面しているのであり、その都度知恵を絞って前進していくものなのである。過去に生起した重要な事実を記した資料を残すための機関である文書館の設立は、阪大に関する正確な歴史を知る上で不可欠な措置であり、大阪大学文書館設置準備室はそれへの準備を着々と進めている。

大阪大学の歴史に関しては一九八〇年代に世に出た二冊の立派な五十年史をはじめ、いくつかの書物がすでに出版されているものの、それらを通読した人は少ないであろう。多忙な今日、確かに大部な大学史などが刊行されても、しばしば置物にされるだけで、それらを真面目に読んでくれる人は多くない。そうしたなかで数年前から阪大では全学共通教育科目として「大阪大学の歴史」が開講されている。各部局の教員および名誉教授が一～二回ずつトピックを講義する形で進められるこの科目は、当初高杉英一大学教育実践センター長（当時。現理事・副学長）が同センターの企画として力を入れてこられたが、本年度（二〇〇九（平成二一）年度）からは文書館設置準備室がその取りまとめをさせていただくことになった。

「大阪大学の歴史」は、幸いにして毎年度一〇〇名程度の受講者から好評を得ているが、このたび文書館設置準備室は、高杉先生のご指導の下で、授業では言及できなかった学部や研究所に関する記述を補い、上記の五十年史よりもはるかに簡便で、最近の状況までも記した教科書『大阪大学の歴史』を編集し、

『大阪大学の歴史』

大阪大学出版会から刊行してもらうことになった。大阪大学に在籍する教職員・学生、さらに阪大に関心を持つ学外の読者に、本学の歩みを簡潔に伝えてくれる読みやすい書物として、それが広く愛読されることを心から願っている。さらに、同書に記された内容をより詳しく知りたいと思う方が、上記の五十年史などを図書館で読んでくれることも期待している。(二〇〇九年三月)

(3) 大学史の編纂と文書館

大阪大学の起源を懐徳堂(享保九〔一七四二〕年設置)や適塾(天保九〔一八三八〕年設置)に求める考え方もあるが、通常は一九三一(昭和六)年五月の大阪帝国大学の開学がそれとされている。この考え方に沿って一九五六年に『大阪大学二十五年誌』、一九八〇年代中葉には『大阪大学五十年史』(通史および部局史)が各々出版され、百周年記念にあたる二〇三一(令和一三)年ごろには『大阪大学百年史』(以下、百年史と略す)の刊行が期待される。大学や企業が自らの歩みを記した大部な書物は、通読されることはほとんどなく、極端な場合には置物扱いされるにすぎないが、学識を持った人材が相当の時間を投じて真剣に執筆・編集した作品ならば、評価能力のある読者にとっては先達の知恵の宝庫となる。大学史などの研究者はもちろんのこと、阪大に関心を持つ教職員・学生・卒業生などの役に立つ立派な百年史の出版が今から待ち望まれる。以下では大阪大学文書館設置準備室(以下、準備室と略す)がそれといかに関わるのが適切であるのかを考えてみよう。

大阪大学が法人化される直前の二〇〇四（平成一六）年春に筆者は、学内有志のご依頼を受けて当時の宮原総長をはじめとする阪大当局に文書館の設置をお願いすることになったが、私に依頼をされた方々のうち何人かが、『大阪大学五十年史』の編纂にかかわっておられた頃、阪大の歴史に関する資料を収集・整理・公開するための大学史資料室を、編纂事業が終了したのちにも残してほしい旨を阪大当局に懇願したところ、理解を得られず却下されたというご説明があった。その後の準備室の調査によれば、五十年史編纂資料は総合図書館の一隅に保存されていたものの、顧みられる機会も少なく、あるべき資料がしばしば見当たらなくなっていた。さらに問題なのは、五十年史の編纂ののち、約二〇年間、阪大の歴史に関する資料の収集が進められていなかったことである。こうした状況では、内容が充実した百年史の刊行はとても無理であり、この状況を何とか打開しなければならない、というのが上記のご依頼に接したときの私の率直な気持ちであった。阪大の歴史に関する法人文書をはじめとする資料の収集・整理・選別・保存・公開を主な任務とする阪大文書館のミッションは、大学史編纂のための資料収集に限られないことはいうまでもないが、歴史家のはしくれである私の頭には、まず百年史の編纂事業が思い浮かんだのであった。

しかしながら、それでは文書館がそうした大学史の編纂の主役になればよいのかと問われれば、否と答えるべきであろう。上記の大学史資料室あるいは大学史編纂室ならば、そうしたこともありえよう。しかし、まず大学文書館は先ほどもふれたように、大学史編纂のためにのみあるのではない。収集した資料は大学の行政の参考にされる場合も多く、また、阪大に関心を持つ人々からの様々な問い合わせへの回答にも使われる。さらに、阪大の歴史を研究する人々にとって役立つ機関でなければならないし、所蔵資料を博物館等と提携して展示することもあるだろう。次に、大学文書館には、大学史の編纂に不可欠な資料を精選し、あるいは欠落した資料を探して補完するなどして、編纂者の求めに応じた資料をすぐに提供できるように準備する責務があるが、その資料を具体的に活用することは、文書館とは別の仕事なのである。文書館の関心は資料そのものなのであり、その活用法を提唱することはあっても、資料を使うこと自体は個々の利用者の課題である。

大阪大学アーカイブズでの資料整理の風景（2019年8月）

　このようなことをあえて記すのは、他大学を見ていると、文書館のメンバーが大学史編纂事業に動員され、文書館の業務を続けながらも、大部の原稿を書くのが当然のように考えられがちだからである。大学文書館にかかわる教員は、もともと教育史あるいは日本近代史を専攻していた、または現在でもそれらに従事している研究者が多い。それは、文書館が一種の近代文書を扱う以上、けっして不思議なことではない。しかしながら、そうした人々は少なくとも勤務時間中は、文書そのものを扱うアーキビスト（archivist）なのであり歴史家（historian）ではない。普通の人間は、限られた時間内に多数の職種をこなせない。大学史の編纂業務を教員に依頼する責任者は、この点を十分に認識していただきたく思う。

企業や大学の年史を編纂する際には周到な準備が必要である。尊敬する歴史家宮本又郎氏によれば、一〇年の歩みを記述するには一年を要するというが、この説に従えば百年史の完成には一〇年が必要となる。そうだとすれば、阪大百年史の編纂は二〇二〇年代初頭、つまり今から一〇年先には始めなければならないことになる。それまでに当準備室は本格的な文書館となり、年史編纂に必要な資料を十分集めておく必要がある。そして、文書館とは独立に百年史編纂委員会が学内に設置され、それが広範な分野にわたる優秀なライターを組織し、これまた十分な時間をかけて後世に残る立派な年史を完成してくれることを心より願っている。（二〇一〇年三月）

（4）『大阪大学アーカイブズニューズレター』の発刊に寄せて

昨年（二〇一二（平成二四）年）一〇月一日に大阪大学箕面キャンパス管理棟内に大阪大学アーカイブズ（以下アーカイプズと略記）が設置された。その前身の大阪大学文書館設置準備室は、半年に一度、ニューズレターである『大阪大学文書館設置準備室だより』を刊行してきたが、同室のアーカイブズへの改組に伴い、昨年九月三〇日刊行の第一一号が終刊号となった。その後の半年間、アーカイブズは、以下でも述べるように、「立ち上げ」の準備に専念してきたが、本来の主な目的である大阪大学の公文書（法人文書）の受入れを行う体制がようやく整ってきたため、『大阪大学アーカイブズニューズレター』を新たに半年に一回発行することにした。以前の『設置準備室だより』と同じく、アーカイブズの活動を学内外に広く伝え、さらに、外部の専門家にも随時寄稿を依頼してアーカイブズの改善を図っていきたい。

設立後半年間におけるアーカイブズの主な目的は、いわゆる公文書管理法に基づく機関として内閣総理大臣の指定を受けることであった。そのため、アーカイブズのスタッフ一同はまず、大阪大学から認められた予算によって、指定に必要な書架等の設備を昨年内に整備した。年が明けてからは、内閣府の事務方と緊密な連絡を取りつつ、二月半ばに東京で開催された公文書管理委員会に主要メンバーが出席し、委員の方々にアーカイブズの概要と利用等規程案をご説明して、無事承認が得られた。同月末にはさらに、内閣府および独立行政法人国立公文書館の事務担当の方々がアーカイブズの実地視察に来られ、私どもの準備状況が、おおむね良好であるという評価をいただき、あわせてアーカイブズの今後の在り方について多数の有益なご教示を賜った。以上すべての手続きを終えた結果、本年〔二〇一三（平成二五）年〕三月二九日付『官報』に、大阪大学アーカイブズが内閣総理大臣からの指定を受けた旨が公示された。

その間の二月二二日から三月九日まで、国立公文書館の所蔵資料展「国立公文書館が大阪大学にやってきた」が、大阪大学総合学術博物館待兼山修学館において総合学術博物館およびアーカイブズの共催で予定通り実施された。公文書といえば、無味乾燥な書類を想い起こすことが多いのではないだろうか。今回の展示をご覧になり、そうした認識を変えた方がおられれば幸いである。率直に言って公文書に対する日本人の関心は決して高いとは言えず、今後アーカイブズも、展示などの活動を通じてその改善に努めていく所存である。

アーカイブズは、本平成二五（二〇一三）年度からようやく、公文書管理法に基づく機関として活動できることになったが、それに伴い、文書館設置準備室時代から収集してきた大阪大学の歴史に関する資料の公開を直ちに開始し、また、保存期間が満了した重要な法人文書を大阪大学の本部および諸部局から移管する作業も始めることになる。このニューズレターが多くの人々の目に触れることによって、そうした活動に対する理解が深まり、さらにアーカイブズを利用する方が増えてくれることを私どもは大いに期待している。（二〇一三年四月）

（5）大阪大学アーカイブズの創立と国立大学文書館

はじめに

大阪大学アーカイブズが発足して一カ月ほど過ぎた二〇一二年一一月四日（日曜日）午前九時から正午まで東京の明治大学駿河台キャンパスを会場として、日本学術会議経済政策史資料保存促進分科会の主催によるパネル・ディスカッション「経済政策史資料保存促進のために、いま何が必要か？—公文書管理法と現代経済史・経営史資料—」が開催された。このパネルは経営史学会との共催であり、同学会第四八回全国大会パネル・ディスカッション2を兼ねるものであった。当日は、中村尚史東京大学教授の趣旨説明に続いて、過去数年間、『通商産業政策史』の編纂に携わってこられるとともに上記分科会を主導されてきた尾高煌之助一橋大学名誉教授の基調報告「経済政策史資料保存促進のために」があった。その後、中村教授の司会のもとで、高山正也国立公文書館館長、石原一則神奈川県立公文書館資料課長、阿部、吉川容三井文庫研究員、瀬畑源一橋大学特任講師、湯沢威学習院大学名誉教授が、尾高報告へのコメントを交えつつ短めの報告を行った。以下は、その際の私の報告の概要である。

一　大学文書館の増加傾向

欧米に限らず韓国など一部のアジア諸国も含む外国の大学では文書館（「ぶんしょかん」と読む。アーカイブズ Archives ともいう）がしばしば設置されている。日本の私立大学でも創立者、教員、卒業生等の事績の顕彰を中心とした記念館が設けられていることが多く、その中に当該大学の歴史的資料（通常は「史料」とは書かない）もしばしば保存されている。また、恒久的な大学史編纂室を設置し、そこに歴史的資料を保管している私立大学もかなり多い。それらの施設も一種の大学文書館であり、そこに勤務する職員も含むアーキビストの団体である全国大学史資料協議会への加盟大学が増加傾向にある事実から推測して、そうした機関は数を増しつつあるとみられる。

国立大学で大学史編纂室が置かれることもしばしばある。それらは暫定的に設置されるケースが多かったが、二一世紀になる頃から旧帝国大学や広島大学など大規模な国立大学で文書館が相次いで設置された。それら以外の国立大学では、近年の厳しい予算および人員配置の状況からみて新設はなかなか難しいものの、関心を持つ教職員は増えている。

二　国立大学文書館のミッション

私が大阪大学で文書館の設置を進める過程で、図書館・博物館との相違が何か、という問いにしばしば直面した。その際には図書館が書物や雑誌の収集・整理、博物館が標本の収集・整理を行うのに対して、文書館では主として公文書を収集および選別することが目的であり、三者にはそれぞれ固有のミッションがあると回答してきた。

もっとも、これは縦割り行政が支配的な国立大学のなかでの話であり、外国の大学や日本の私立大学では三種の機関が明白に分化しておらず、たとえば図書館内に文書館的部門が設けられていることがしばしば見受けられる。とはいえ、文書館がほかの二つの機関に対して独自のミッションを持つことは確かである。

本年〔二〇一二（平成二四）年〕一〇月一日に設置された大阪大学アーカイブズの当面の目的は、「本学における法人文書の適切な管理のための調査研究及び本学の歴史に関する資料の適切な管理を行うことにより、本学の円滑な管理運営に資するとともに、教育、研究、社会貢献に寄与すること」（大阪大学アーカイブズ規程第二条）である。

なお、大学の歴史とは関係のない、歴史学で使われる「史料」あるいは文書（もんじょ）は国立大学文書館では通常取り扱わず、大阪大学の場合、主に各部局の研究室で保管されている。

三　公文書管理法との関係

二〇一一（平成二三）年四月に施行されたいわゆる公文書管理法の対象には国立大学法人も含まれることとなった。具体的には、保存期限が終了した法人文書を（一）永久に現用文書とみなして保管し続ける、（二）国立公文書館に移管する、（三）内閣総理大臣（内閣府）から「国立公文書館等」としての指定を受けた当該大学の文書館に移管し、一年間以内に整理して目録を作り、それによる利用請求を受けた場合、個人情報をなどいくつかの情報を適切に処理した当該資料を原則として公開する、（四）廃棄する、以上四つの選択肢のいずれかをすべての国立大学法人が選ばなければならなくなった。（四）に関しては、行政文書の場合、内閣総理大臣の承認が必要であるが、独立行政法人等では不要である。大阪大学は（三）を選択し、来年三月末までに内閣府から指定を受けるべく、準備に努めているところである。[1]

公文書管理法によれば、あらかじめ移管すべき公文書（国立大学文書館では大学当局が作成する法人文書）を文書ファイル管理簿に定め、そのすべてを「国立公文書館等」に移管するが、当該文書の廃棄は認められない。アーキビストの力量が資料の選別と廃棄において発揮されることからみて、この法律は運用が甚だ窮屈である。公文書以外の資料（国立大学文書館では名誉教授や卒業生からの寄贈資料や大学の刊行物など）については、それらを受け入れ、選別・廃棄を含む整理を行ったのちに公開する「歴史資料等保有施設」という制度が設けられ、その指定は同じく内閣府により行われる。大阪大学アーカイブズでは、いくつかの先例に学んで法人文書資料部門と大学史資料部門の二つの部門を設けた。前者は保存期間が満了した法人文書のうち歴史的価値を有するものを取り扱う「国立公文書館等」、後者は広く大阪大学の歴史に関する資料を管理する「歴史資料等保有施設」に、来年〔二〇一四(平成二六)年〕四月以降に指定されることを想定している。(2)

以上の説明からもうかがわれるように問題点がないわけではないが、公文書管理法の制定により、放置しておけば残らない可能性が大きかった公文書が国立大学においてもきちんと残される仕組みが一応整ったことの意義はまことに大きいといえよう。

四　大学におけるアーキビストについて

文書館を様々な戦略の拠点として活用している多くの外国とは異なり、日本では図書館や博物館に比べて文書館の認知度がきわめて低い。図書館には司書(librarian)、博物館には学芸員(curator)という専門職員がそれぞれ置かれるのと同じく、文書館にはアーキビスト(archivist)が配置されなければならない。しかしながら、このアーキビストには適切な訳語がないし、資格制度も存在しない。科学研究費でも図書館学、博物館学の範疇は確立しているが、文書館学のそれはなく、また大学での文書館学またはアーカイブズ論の講座やコースもようやく一部で設けられ始めているところである。

経営史学会会員が大学文書館の設置・運営に関わることもしばしばあろうが、公文書管理法が適用される国立大学の場合、当該教員以外の優秀なアーキビストの採用が不可欠である。教員はたとえすぐれた歴史家であったとしても、優秀なアーキビストには、まずなれない。アーキビストは広い視野と広範囲に及ぶ教養と長年の経験とを兼ね備えた、文書に関する専門職なのであり、担当教員は、優秀なアーキビストを採用して、その雇用を保証し、さらに必要な予算や設備を確保するなどの措置を、大学当局と粘り強く交渉する役割、つまり行政に徹すべきだと私は考えている。それは大学教員がしばしばいやがる「雑用」の一部であろうが、それなくして大学文書館は成り立たないと思う。(二〇一三年九月)

【註】

(1)(2)いずれもその後、順調に進捗し実現した。

(6) 退任のご挨拶

私事この〔二〇一四(平成二六)年〕三月末をもちまして大阪大学を離れ、四月には国士舘大学政経学部に移ることになりました。二〇〇四年度末以来ちょうど一〇年間、大阪大学におけるアーカイブズの設置・運営に携わってきたことになります。「文書館(仮称)設置検討ワーキング」

の設置（二〇〇五（平成一七）年一月）、豊中キャンパス内での文書館設置準備室の立ち上げ（二〇〇六年七月）、同準備室の箕面キャンパスへの移転（二〇一一年四月）、同準備室の大阪大学アーカイブズへの発展的改組（二〇一二年一〇月）、同アーカイブズに対する、内閣総理大臣による「国立公文書館等」および「歴史資料等保有施設」の指定（二〇一三年四月）といった一連の展開が走馬灯のように想い起こされます。

私はそれらすべての責任者を務めさせていただきましたが、自分一人でそうした過程を自由に進められたはずはもちろんございません。その間にご支援を賜りました担当理事・副学長（歴代）であられた鈴木直、西田正吾、尾山眞之助、恵比須繁之の諸先生をはじめ、お世話いただきました先生方・事務方の皆様に心より御礼申し上げます。

大阪大学アーカイブズは来たる二〇一四年度からその本務ともいうべき、保存期間が満了した法人文書の移管を本格的に開始することになります。室長は、阿部に代わりまして飯塚一幸大学院文学研究科教授に担当いただくことになります。今後とも大阪大学アーカイブズへのご支援をどうぞよろしくお願い申し上げます。（二〇一四年三月）

（補論）大阪大学名誉教授の談話記録に関する経済学部同窓会会員宛のお知らせ

二〇〇八年八月から二年間、経済学部長を務めさせていただきました阿部でございます。その節には同窓会の皆様に大変お世話になりました。改めて厚く御礼申し上げます。

当時私は文書館設置準備室なる組織の室長も兼ねており、大阪大学に関する様々な重要な資料を保存するための施設を学内に設置する準備を進めていましたが、それは二〇一二（平成二四）年一〇月に大阪大学アーカイブズとして実現いたしました。詳しくは http://www.osaka-u.ac.jp/ja/academics/ed_support/archives_room をご参照ください。

その事業の一環としまして私は、文書館設置準備室が発足してちょうど一年後の二〇〇七年秋から私が阪大を離れる直前の二〇一四年二月までの六年間余りに、同準備室スタッフの菅真城（現・アーカイブズ教授）とともに、名誉教授の先生方のうち、学部長などの要職を歴任された方々を中心にお願いし、大阪大学の想い出を語っていただきました。お話はビデオに収めアーカイブズに永久保存させていただき、さらにお話を編集して活字化する作業も進めて参りました。そのうちの活字化が今から一年ほど前にようやく完了しました。

私がお話を伺いましたのは以下の先生方です。なお、敬称は略させていただきます。お名前はお話をうかがった順に並べさせていただいております。（ ）内は、先生方が所属されていた主な部局です。

梅溪（うめたに）昇（文学部）
村田義人（旧制大阪高等学校 OB。元大阪府立北野高等学校校長。文学部の村田路人教授の御尊父）
大久保昌一（法学部）
五島忠久（教養部）

脇田修（文学部）
大塚穎三《えいぞう》（理学部・教養部）
小泉進（経済学部）
中野貞一郎（法学部）
厚東洋輔《こうとうようすけ》（人間科学部）
徳永恂《まこと》（人間科学部）
竹岡敬温《ゆきはる》（経済学部）
川島慶雄《よしお》（法学部・大学院国際公共政策研究科）
山中永之佑《えいのすけ》（法学部）
山中千代衛《ちよえ》（レーザーエネルギー学研究センター）
松岡博（法学部）
園田昇（工学部）
鈴木胖《ゆたか》（工学部）
新開陽一（経済学部・社会経済研究所）
河上誓作（文学部）
畑田耕一（基礎工学部）
加藤四郎（微生物病研究所）

中村宣一朗（のぶいちろう）（経済学部）

すでに逝去された先生もかなりおられますが、経済学部の四先生は幸いなことにお元気でいらっしゃいます。そのほかの学部等におられた先生方のことも懐かしく想い出される方が多いのではないでしょうか？　上記二〇人余りの先生方のお話は、厚東、徳永の両先生のお話が阪大人間科学研究科の紀要『年報人間科学・別冊』（二〇一一年三月）に掲載されたことを例外として、全て経済学部の学会誌『大阪大学経済学』の第五八巻第三号（二〇〇七年一二月刊行）から第六五巻第二号（二〇一五年九月）に、ほぼ毎号収録されており、その全てがhttp://ir.library.osaka-u.ac.jp/web/OEP/からダウンロードできます。また、経済学部資料室でも雑誌本体をご覧になれます。ご一読いただければ幸いです。

以上とは別に二〇一〇（平成二二）年八～一二月には五回の時間をかけまして前大阪大学総長の熊谷信昭先生のお話を伺うことができまして、それを編集した書物が昨年秋に大阪大学出版会から大阪大学アーカイブズ編『大阪大学とともに歩んで　熊谷信昭第一二代総長回顧録』として出版されました。価格は二八〇〇円＋税です。

なお私の阪大時代のメールアドレスabe@econ.osaka-u.ac.jpは今後も使えますので、以上の事業、あるいは大阪大学アーカイブズに関するお問い合わせがおありでしたら、ご遠慮なくご連絡下さい。大阪大学アーカイブズは、皆様がお持ちで廃棄をお考えになっているような阪大時代の講義ノート、写真等を引き取らせていただき、大切に保存させていただいております。そうした物品がおありでしたら、取り急ぎ私までご一報いただけましたら大変ありがたく存じます。経済学部とともにアーカイブズも今後ご支援いただければ幸甚に存じます。

二〇一六（平成二八）年七月三〇日

大阪大学名誉教授・国士舘大学政経学部教授

阿部　武司

第六章　日本の官公庁における文書保存

(1) 日本の官公庁における文書保存の状況

私は現在、通商産業省(現・経済産業省)の最後の二〇年間の活動を取りまとめる『通商産業政策史』シリーズのうち、通商に関する巻の一部の脱稿に追われているが、今なお悩まされているのは、利用可能な資料、とりわけ未公刊の一次資料(具体的には日々作成されていた書類やメモなど)の不足であった。そうした資料が作成されなかったはずはない。二〇〇一(平成一三)年四月の情報公開法施行に先立って、保存年限を過ぎた文書の大部分が実は意識的に廃棄されたのである。同法が施行されたあとで情報の開示請求が出されると、訴訟につながりかねない厄介な事態が増えると想定されたので、それらを回避するために採られたやむをえない措置だと聞かされたが、同様の決定が中央・地方の他の官公庁、さらには民間企業で相当程度実施されたこともしばしば耳にした。

多くの海外諸国では保存年限を過ぎた公文書は、日本のように簡単には廃棄されず、その多くが文書館に移されて選別・保存・公開されることは常識となっている。他方、日本では明治維新期や敗戦時に端的に見られたように、都合の悪い文書を大量に廃棄することが不思議とも思われてこなかった。文書を大切にしない伝統は、公文書管理法の施行を明春にひかえた現在でも容易に変わりそうにない。

話を『通産政策史』に戻せば、資料不足に対する担当事務局の対応は丁寧で親切であったが、彼らがまず推奨したのが関係者に対するヒアリングであった。歴史研究に関するヒアリングの重要性は最近、oral history 論として多数の人々によって主張されている。私も自分の研究に聞取り資料を積極的に使ってきた。またこの文書館設置準備室の一つの事業である大阪大学関係者のビデオ撮影に際しても、スピーカーのお話は大阪大学の歴史に関する貴重な資料と考え、その都度活字にして公刊するように努めている。しかしながら、関係者からのヒアリングの記録は、それのみでは信頼するに足る資料とは断言できない。人間の記憶はそもそも不正確なものであるし、さらに人間は、自分に都合よく事実を解釈し、他者などの情報源から得た知識を無意識のうちに自己の記憶に組入れてしまう厄介な生き物であるからだ。聞取り資料を使う際には、可能な限り別の資料との突き合わせを行い、談話の信憑性を確認すべきなのである。私の場合、多数の通産省関係者からお話をうかがうことができて大変参考にはなったが、決定的な新事実はあまり得られず、ひそかに期待していた、関係資料を提供してくれる語り手も今のところ出現していない。

担当事務局のもう一つの助言は、アメリカ合衆国の国立文書館など資料の公開が進んだ外国の文書館を訪問調査することであった。しかし、それらでも二〇世紀末という時期については保存年限を過ぎた文書がまだ少なく、私が読みたい資料を閲覧できる可能性は低いので、このアドヴァイスは見送りとなったが、仮に良い資料が得られたとしても、別の問題が生じるのはほぼ確実である。私の担当箇所には一九七〇~八〇年代の日米貿易摩擦問題という項目が含まれており、この紛争を基本的にアメリカ側の資料に依拠して考察すればいかなる結論になるのかは、かなりの程度予想がつく。二国間の紛争を学術的客観的に考察しようとすれば、双方の言い分を示す資料を虚心に読み進める以外にはなかろう。ところがアメリカの資料が日本のそれの二倍も三倍も残されていれば、自ずとアメリカの立場からみた評価にならざるを得ないであろう。

来春施行される公文書管理法が成立した背景は、こうした学術面での問題というよりも薬害エイズ問題や「消えた年金」問題であった。それらへの行政の対応が喫緊の課題であるのは言うまでもないが、公文書の管理の改善は、そうした目先の問題にとどまらず、明日の日本の指針ともなる官公庁の公式記録を残せるか否かに関わる重要な課題なのである。

『通産政策史』編纂の中核におられる尾高煌之助一橋大学名誉教授、および宮本又郎大阪大学名誉教授を中心とする日本学術会議社会科学分科会の有志が、官公庁を対象に歴史資料の保存状況を改善するための調査を実施中である。このプロジェクトが官庁の意識変革を促進し、それが突破口となって重要な資料が省庁内あるいは国立公文書館にきちんと保存されるようになることを大いに期待している。（二〇一〇年九月）

(2) 貿易・通商政策史の編集を振り返って

私が編集を担当した第二巻の目的は、産業政策と並んで通商産業省（以下通産省）の重要な業務であった貿易・通商政策が、主として一九八〇（昭和五五）年から二〇〇〇（平成一二）年までの時期にどのように展開していったのかを包括的に論じることであった。担当の原局は通商政策局と貿易局である。本巻が取り上げたイシューは多岐におよぶが、まず、主なトピックスを箇単に紹介しておこう。

本巻が対象とした上記の時期には、グローバリゼーションという語が日本でも日常的に使われるようになり、対外経済政策の所管官庁としての通産省のプレゼンスは非常に大きくなった。第一部では、一九八〇年代前後に世界の注目を浴びた貿易摩擦や、世界的な貿易関連のリスクの高まりといった諸問題に通産省がどのように対応していったのかが考察される。高度経済成長と二度にわたる石油危機を経て経済大国となった日本では、一九七〇年代末に顕在化した欧米諸国との貿易摩擦問題が八〇年代に深刻化した。通商政策の中心的課題も、この問題を根本的に解決するために、高度経済成長期の輸出振興とはいずれも対照的な輸出秩序維持、市場開放・規制緩和、輸入拡大となった。また、ソ連型社会主義の崩壊などに伴う世界的なリスクの高まりに応じて安全保障貿易管理や貿易保険が以前にも増して重要になった。

続く第二部では、第二次世界大戦後長らく資本主義諸国の貿易を統治してきたGATT（関税及び貿易に関する一般協定）が、一九八六（昭和六一）年に始まるウルグアイ・ラウンド交渉を経て九五年にWTO（世界貿易機関）に改組・拡充されていく中で、この変化が日本にいかなる影響を与えたのか、また、日本がどのような役割を果たしてきたのかが検討される。ここでは以下の事実が明らかにされる。（一）GATTまたはWTOに提訴された、日本をめぐる紛争の処理の実態。とくに、制裁をちらつかせながら二国間交渉で貿易紛争を解決しようとするアメリカ合衆国に対し、日本が、GATTないしWTOの手続きを順守して、公正に問題の解決を図る「ルール志向型」

の通商政策を重視するようになったこと。(二)長らく外国の反ダンピング措置などの輸入救済措置を発動される側だった日本が、二一世紀に入ってからセーフガードなどを通じてそれを発動する立場に転じつつあること。(三)二〇世紀が終わりに近づくにつれてNAFTA(北米自由貿易協定)やEU(欧州連合)の成立に見られる通り、欧米諸国で地域主義が展開する中で、通産省の主導によって一九八九(平成元)年に「開かれた地域主義」を標榜するAPEC(アジア太平洋経済協力)が実現し、その後変容していったこと、(四)WTOを中心とした多角的貿易体制を重視するあまり、自由貿易協定(FTA)の締結には否定的だった日本が、世界の大勢にはあらがえず二〇世紀末になってFTAの実現の方向へ徐々に転じていったこと。(五)ODA(政府開発援助)が、開発途上国への支援もさることながら、通産省によって経済的国益の追求のために推進されてきたこと。(六)一九八〇年代半ば以降一九九七年のアジア通貨危機までに通産省が進めてきたアジア工業化政策が、近年のASEAN地域全体の発展に大きく貢献してきたこと。

以上から理解いただけると思うが、本書が取り上げた論点はまことに多様であり、私一人ですべてを執筆することなど到底不可能であったため、計一二人による共同執筆となった。各執筆者には多くの場合、細切れに短い部分を担当いただいたが、編者として本書を通読した際、手前味噌ながら、二〇世紀末の約二〇年間における貿易・通商政策のダイナミックな展開過程がバランス良く記述されていると感じられた。ただし、日本から外国へ、そして外国から日本へという直接投資の展開に通産省がいかに関わったのかというような、重要でありながら正面から論じられていないトピックも残されているし、一応の記述はあるものの、いっそう立ち入った考察を要する論点もかなり存在する。さらに、私自身が執筆の過程で悩まされたのが、記述の裏付けとなる資料の少なさであった。『通商白書』『通商産業省年報』『通産省公報』『通産ジャーナル』などの公開資料は、貿易摩擦問題の展開を追う際に大変有益であったが、世界的にみても前例が見当たらない輸入促進政策が、どのような過程を経て登場したのか等の論点は、ぜひ解明したいところであったにもかかわらず、一次資料がないとのことで結局わからずじまいであった。

二〇年ほど前になるが、私は、本シリーズの一期前にあたる『通商産業政策史（一九四五～一九八〇』（全一七巻、一九八九～九四年）の一部を執筆させていただいた。その頃、過去を振り返らず、前だけを見ていく通産官僚の方々の姿勢に、ある種の感銘を受けたものの、さりとて、記録を残さなくてもよいという訳ではないと感じていた。この感想は、残念ながら今回も変わらなかった。日本が成熟した先進国となり、新しい産業国家像の構築が求められている今日、「温故知新」という言葉の重みは増している。数十年先に経済産業省の正史が編纂される折には、未来を見据えるために、豊富な内部資料に基づく重厚な歴史叙述が残るようご配慮いただければ幸いである。（二〇一三年夏）

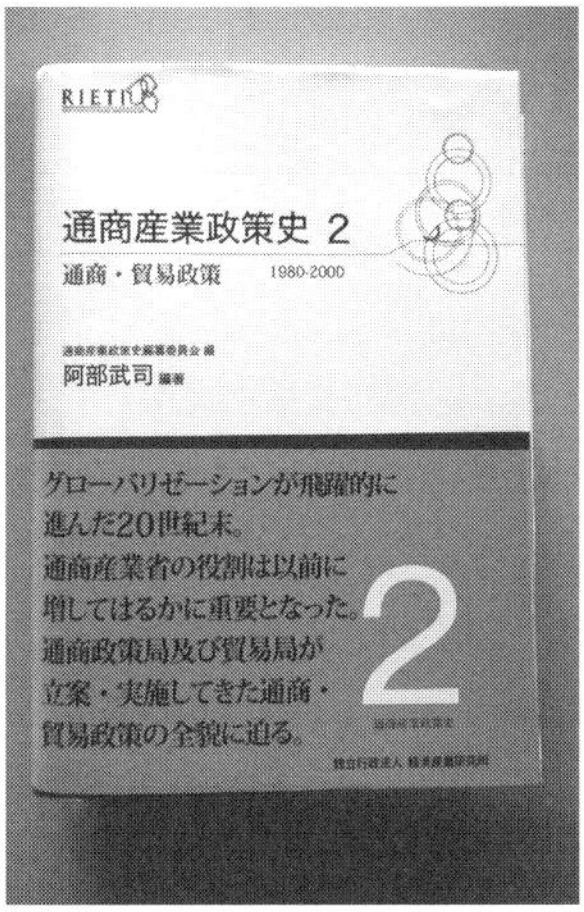

『通商産業政策史』第2巻（2013年1月刊行）

第七章　外国のアーカイブズ

(1) 中国上海市における歴史的資料の保存状況に関する調査報告

私たちは、日本学術会議の経済学委員会の下に設置された現代経済政策史資料適正促進保存分科会（委員長：尾高煌之助一橋大学名誉教授）の活動の一環として、本年〔二〇一一（平成二三）年〕一月に中国上海市の三つの機関を訪問し、実務担当者から歴史的資料の保存状況に関する詳しい説明を受けることができた。以下はその記録である。

（一） 上海図書館（一月一九日午後二～五時）

最初の訪問先は上海図書館であった。上海淮海中路にそびえ立つ立派な建物の会議室で沈萌云（国際交流処処長）、周卿（国際交流処）、陳建貨（歴史文献中心研究館員。「中心」はセンターの意味）の三氏にお会いした。通訳は周氏が担当して下さった。以下の記述は、主に陳氏の談話の要約である。

初めに、上海図書館における歴史的資料の取扱いに関する以下の説明があった。同図書館には歴史文献センターが設置されており、そこには①一九四九（昭和二四）年以前の出版物約三〇〇万冊、②古書（糸で綴られた書籍）約一七〇万冊、③珍本または善本（清朝の乾隆帝以前の古書）約一七万冊が所蔵されている。古書の冊数では上海図書館は、全国図書館中、北京の国立図書館に次ぐ第二位である。中国政府は、古書収集には法律も制定して力を入れており、古書のために収集の費用だけでなく、多額の補修費も出している。古書は後述の档案館〔アーカイブズ〕にも

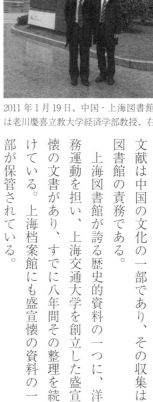

2011年1月19日、中国・上海図書館にて。左は老川慶喜立教大学経済学部教授、右は阿部。

納められているが、民間にもかなり存在し、上海図書館はそれらを購入している。歴史的文献は中国の文化の一部であり、その収集は図書館の責務である。

上海図書館が誇る歴史的資料の一つに、洋務運動を担い、上海交通大学を創立した盛宣懐の文書があり、すでに八年間その整理を続けている。上海档案館にも盛宣懐の資料の一部が保管されている。

次に、中国政府の図書館に対する政策につき以下の説明をうかがった。上海図書館だけでなく中国の図書館全体で、予算は毎年五～一〇%増加している。上海図書館の現在の年間予算は約二億人民元である。中国政府は、文化の発展にはまず図書館への投資が必要と考えており、歴史的資料の保護にも力を入れている。

続いて職員の人事に関する説明があった。

【職員数】

上海図書館の正職員は約八〇〇人（歴史文献センターでは約八〇人）、パートタイマーと派遣従業員が約五〇〇人（同じく約四〇〇人）である。

【アーキビストの扱い】

大部分の職員は図書館司書であり、技術者もいるが、アーキビストに相当する役職はとくに設けられていない。

【職員の育成】

日本で司書になるのには資格が必要だが、中国ではそれはない。ただし、図書館職員になるには最低限大学卒業の経歴は必要である。その際何を専門に学んできたのかはあまり問われないものの、就職後五年間、様々な資格を取得しなければ館員にはなれない。具体的には上海図書館内の教育センターで七つの授業科目を履修し、厳しい試験に合格しなければならない。この教育センターは上海市内のすべての図書館の職員を対象としており、そこでの試験は上海市の統一試験である。五年間の訓練ののちには、さらに五年間、論文作成、コンピュータ実習、外国語の訓練などの研修を経て副研究館員となれる。研修には年平均八五時間の出席が必要であり、時間をかけて各職員の専門が確立されていく。

【職員の構成】

正職員計約八〇〇人中、副研究館員が二割、館員が四割、その他が四割であり、これら三階層ごとに俸給や賞与が異なる。館長には現在のところ上海図書館のスタッフ出身者が就任している。

そのほか、上海図書館全体に関するいくつかの特徴の紹介があった。

【施設】

上海図書館は、市民のみならず企業や政府にもレファレンス等のサービスを提供している。一九九六（平成八）年に旧上海図書館と科学技術情報センターが合併して現在の上海図書館となり、道路の向かい側にある古い建物から現在の新しい建物（建物面積約八万三〇〇〇平方メートル）に移った。通常の書籍の閲覧室のほか、歴史的資料及び家譜（家系図）の閲覧室も整備されており、資料のデジタル化も進んでいる。入館者は一日約二〜三〇〇〇人である。

上海図書館でも建物のスペースは次第に不足しつつあり、図書の保管用に郊外の建物を使用しているが、歴史文献センターではこの問題は深刻ではない。

【出版社の納本】

日本では国立国会図書館への出版社の納本が法律で義務付けられているが、中国ではそうした法律はない。ただし上海図書館は、上海で出版された書籍を関係者に原則として納入させている。

【他の機関との関係】

アメリカ合衆国の歴史協会に相当する機関はないが、政府の「中国古籍保護中心」はあり、国立図書館や上海図書館もその下に置かれている。民間にも家譜の研究機関等はあるものの、それらの資金的基盤は強くない。

上海市内には二つの市立図書館がある。この上海図書館、および児童図書館である。その下位の区レベルでは各区に一か所の図書館が設置されており、さらにその下位の、日本でいえば町村レベルで合計二〇〇以上の公立図書館が存在する。各図書館で書籍の相互貸借を行っているが、人事面での交流はない。

（二）上海市档案館（一月二〇日一〇～一二時）

翌日は、上海でも珍しいとのことだったが、雪であった。午前中に訪問したのは上海市档案館である。档案館は日本でいう文書館に相当する機関であるが、上海のそれは一九五九（昭和三四）年に組織ができ、档案局が行政の一部局として档案行政を担っていた。上海市档案館は二〇〇四（平成一六）年に開館し、外灘（ワイタン）の旧フランス租界のあった中山東二路にある。一一階建ての立派な建物で、一～二階が展示室（近代上海の歴史）、五階が閲覧室になっている。

上海市档案館では、曹勝梅（辦公室副主任）、石磊（利用服務部副主任・博士）、郭味軍（組織人事処処長）、鄭澤青（档案接収征集部主任・副研究館員）の四氏からお話を聞くことができた。

最初に石磊氏から档案館の業務や組織などの概要についてつぎのような説明があった。档案館の主要な業務は、①資料保存、②その閲覧などのサービス業務、③図書館員・アーキビストの訓練などである。それぞれの業務は以下のようになっている。

【資料保存】

一九四九年の新中国成立以前の文書を歴史資料とし、その収集・整理・保存を進めている。現在二八〇万冊以上、六九キロメートル以上の歴史資料が保存されている。書庫は、上海郊外の虹橋にある。

なお、一九四九（昭和二四）年以降の文書について、作成後三〇年を経過したものは公開を原則としている。近年は一九四九年以降の文書を利用した研究も増えている。

【閲覧などのサービス業務】

档案館の利用者の過半数は研究者（大学院生を含む）および外国人である。私たちが見学したときも、数人の大学院生が档案を閲覧していた。また、一般大衆へのサービスとして毎年展示会を開催している。

【図書館員・アーキビストの訓練】

档案館の内部に訓練センターがあり、政府の管理部門として活動をしている。三〇〇人の職員がいるが、文書の修復などに従事する技術訓練所の職員は十数人である。大学卒業以上の専門を要求している（とくに専門分野は問わないようである）。

次に郭詠軍氏から人事に関する説明があった。

档案館は政府機構で、かつて職員には「局」に属するものと「館」に属するものがあり、局に属するものは公務員で資料の保存や展示に従事していた。また、館は事業単位であり、そこに属する職員は「低級」「中級」「高級」に分かれ、低級は試験で選抜されるが、中級と高級は「審査委員会」での評価で決定されていた。

ただし、この方式は二〇一〇（平成二二）年に新方式に取って代わられた。新方式によれば、職員は全員公務員となり、上海市の統一試験、面接によって選抜される。そして、仕事振りによって上司の推薦を受けて中級となり、さらに高級になるには外部審査を必要とする。高級レベルに達するには、大学の研究者等との共同研究などに従事することが必要である。なお、上海市档案館のなかに研究者を集めて研究を組織・管理する研究機構があり、同機構には政府資金による援助がある。

最後に、鄭澤青氏から歴史資料の範囲や性格について次のような説明があった。歴史資料には、①上海市政府の档案、②上海で開催されたイベントに関する档案、③企業の档案、④大学や病院などを含む民間の档案がある。民間資料では、租界に関する資料や一九三〇年代以降の同業組合に関する資料などがあり、公開されている。

一九八七（昭和六二）年に国家档案法が制定され、上海市政府は九一（平成三）年に資料収集の範囲を決め、九五年に上海市档案条例が公布された。档案についても政府の力が強く、日本の個人情報保護法にあたるような法規はない。その他、民間人から寄贈された資料もある。

企業資料は県レベルのものは一〇年経過すると区に移され、さらに二〇年を経ると档案館に移して公開される。企業資料に関しては、国営企業のそれが多く、民間企業のものは少ない。個人企業や貿易団体の資料は第三者機関である仲介機構を通じて保存されている。

以上のような説明を受けたのち、主として①文書の保存・廃棄の基準、②アーキビストのかかわり、③上海档案館の問題点などに関して質問し、つぎのような説明を受けた。

【文書の保存・廃棄の基準】

文書は、①永久保存、②長期保存（三〇年）、③短期保存（一〇年）に分けられ、永久保存文書が档案館に移管される。移管される文書の量は、欧米よりも多いと思われる。

【アーキビストのかかわり】

以上の文書の分類は、専門の行政管理委員によってなされる。行政管理委員は、①行政の専門家、②企業の責任者（機構）、③社会からの専門家からなり、アーキビストという言葉はないが、ハイレベルの「档案館研究員」「档案管理委員」が参加する。ちなみに、上海档案館の鄭澤青氏も加わっておられるとのことである。なお、国家档案法の制定以後、档案館職員のレベルが上がり、待遇もよくなった。档案館の予算も増えている。

【国家档案法の問題点】

しかし、国家档案法には、①文書の収集の範囲が狭い、②利用者が研究者に限られている、③電子化した資料を集めきれない、などの問題点があり、改善に取り組んでいる。

2011年1月20日　中国・上海社会科学院図書館にて

(三)　上海社会科学院図書館（一月二〇日一四〜一六時）
最後に訪問したのは上海社会科学院図書館である。朱婢（上海社会科学院副研究員）ならびに陳佳（上海社会科学院図書館館員）

の両氏から初めに、所蔵されている歴史的資料に関する以下の説明があった。著名な研究機関である上海社会科学院が一九五八（昭和三三）年に淮海中路に創立された際、その図書館（四階建てで、一階が雑誌等の閲覧室。その他はすべて開架の書庫）も市内の徐雁区中山西路に設置された。そこには清朝の文献も含む、一〇〇年以上前に出版された主に経済と法律に関する資料が集められており、柱になったのは①聖約翰大学（St. John's University。現・上海華東政法大学）に併設されたキリスト教系の聖マリア女校の資料である。上海社会科学院図書館では、②一九一一（明治四四）年以前の古書、③一九一一〜四九年間に出版された近代資料（平装書）とともに①を大切に保管しているが、書籍のみが収集の対象であり、たとえば政府の資料等は档案館に集められている。民国期の文献が中心であり、一九四五年以降の国営企業の資料も多いが、戦時期のものは比較的少ない。

事務は五部門に分けられる。（一）採訪部（研究員の意見を聴きつつ、潤沢な予算により資料を収集する）、（二）編目部（目録の作成）、（三）読者服務部（来館者へのサービスの提供）、（四）系統網絡（連絡）、（五）弁公室（事務室）。なお、淮海中路にある上海社会科学院の総部（本館）には、図書館はなく近刊の雑誌を閲覧する「閲覧部」が設置されているのみである。

続いて人事に関して以下の説明があった。上記（一）には次の五つのレベルの専門家計四〇人が勤務している。①研究館員（トップ）、②副研究館員、③館員、④助理館員、⑤図書管理員であり、①と②が合計約二割、③が五割である。これらの職務については上海図書館と同様の人事規則があてはまり、③になるまでは五年間の研修と統一試験の合格が必要である。なお現在、③が不足している。

最後に、今回の調査に際しては上記三機関の関係各位のほか、大阪大学大学院経済学研究科で学ばれ、現在、南京財経大学国際経貿大学副教授を勤めておられる庄紅娟博士より多大なご助力を賜った。厚く御礼申し上げたい。また、本調査にあたっては日本学術振興会科学研究費補助金（研究種目：基盤研究（C）、課題番号：21530334、研究代表者：尾高煌之助、研究課題：近・現代経済政策史資料保存の理論と方法）による助成を受けた。（二〇一一年二月）

（2）書評「大西愛編『アーカイブ・ボランティア―国内の被災地で、そして海外の難民資料―』」

今から二〇年前の一九九五（平成七）年一月一七日に発生した阪神・淡路大震災以来、多数の市民ボランティアが被災地の復興に重要な役割を果たすようになった。「ボランティア元年」と呼ばれるようになった同年以来、災害が発生する都度、ボランティアが被災地の復興に大きく貢献していることは周知の通りである。本書は、内外の第一線で活躍しているアーキビストたちが、日本の被災地、および海外のアーカイブで行っているボランティア活動を大変興味深く紹介している。本書の目次は以下の通りである。

第八章　大西　愛「第一次世界大戦時の捕虜カード―赤十字国際委員会の仕事―」
コラム　小川千代子「赤十字新月博物館にて」
第九章　小川千代子「国際連合のアーカイブ」
第一〇章　下田尊久・大西愛「国連難民高等弁務官事務所（UNHCR）の仕事とアーカイブ・ボランティア」
コラム　モンセラート・カネラ「UNHCRのアーカイブは過去と現在を未来のために保存する」
コラム　金山正子「UNHCRアーカイブの地下書庫にこもった！のです」
コラム　元ナミ「なぜUNHCRで資料ボランティアをするの？」

日本の被災地に関する第Ⅰ部のうち第一章では、阪神・淡路大震災以降、自然災害が頻発するようになった状況のもとで、既存の歴史資料の保存とともに、大災害自体を後世に伝える災害資料を収集・保存することの重要性が強調され、そのために立ち上げられた「歴史資料ネットワーク」の活動が紹介されている。大災害以前にはあたり前に続いていた、その地域の景観や生活も失われてしまうことが多くなった。アーカイブによってそうした記憶を意識的に継承することは、被災者がありし日を偲ぶ、よすがとなるだけではなく、防災の観点からも重要であろう。いわゆる箱ものを造ることも無意味ではないのだろうが、私たち一人一人の自然災害に対する意識の変革はさらに重要であり、その際に歴史の教訓がきわめて有効であることを本章は教えてくれる。

第Ⅰ部の第二章以下では、二〇一一（平成二三）年三月一一日の東日本大震災や同年八月末の紀伊半島大水害の際における歴史資料の救済（アーカイブ・レスキュー）の実態が克明に記述されている。資料のクリーニングや放射能の除染などは、専門知識を持ったアーキビストならではの仕事であり、歴史資料のみならず現用・半現用の行政文書の救済も文書管理の専門家の協力なくしては困難であろう。また、二〇〇六年夏に発生した水害の際に、アーカイブ・レスキューを経験した熊本県天草市が、東日本大震災で被害を受けた自治体に扇風機やスポットクーラーなどの資料の救済に役立つ物資を提供してくれたというエピソード（四七ページ、六五ページ）は感動的であった。さらに、レスキューの時にリーダーが、処置の優先度を付けることが重要であるという指摘（七〇～七一ページ）も説得的であった。

外国のアーカイブズに関する第Ⅱ部では、①現在から約百年前に勃発した第一次世界大戦時に発生した、兵士七〇〇万人にも及ぶ捕虜の個人情報を収集・公開しているスイス・ジュネーブの赤十字新月博物館、②米国ニューヨークの国際連合本部、およびスイスの国連ジュネーブ事務所の図書館アーカイブ室などで、重要な資料がきちんと保管されており、閲覧請求をすれば原則として誰でもそれに接触可能であることが説明されている。日本においても国立公文書館、各自治体の文書館などで貴重な公文書の公開が進んでいるものの、予算額あるいはスタッフの数がそうした機関に比べて明らかに貧弱であり、さらに、情報公開に様々な制約が課されている。本書で紹介された諸外国の事例を知るにつれてため息ばかり出てしまうのは評者だけではあるまい。

本書の圧巻は、編者の大西氏をはじめ数名の執筆者が二〇〇九年以来、毎年二週間程度参加し今なお進めている、国連難民高等弁務官事務所（UNHCR）におけるベトナム難民資料の整理作業の紹介であろう。第一線で活躍しているアーキビストたちが、本務のかたわら休日を割き、ほとんど手弁当でスイスのジュネーブまで出向いて世界の人権・人道に関わる貴重な記録を残すボランティア活動を行っていることは日本で、もっと知られて良いことであろう。この箇所を読んでいて、筆者たちが骨の折れる地味な仕事を毎日進めながらも、「ボランティアは働きすぎてはいけない」のであって（一七五ページ）、限られた時間の中でも観光や現地での生活を楽しむべきであるという主張、また、世界の広さと多様さや、外国におけるアーカイブの形成を、身を持って知ることができて、有益であったという感想などに接すると「なるほど」と感心した。

以上、本書のうちから評者の関心を特に惹いた記述や指摘を簡単に紹介してきた。各章・コラムとも大変わかりやすく記述されているので、さらに詳しくは、読者各位が本書を楽しみながら読み進めていただきたい。本書は、専門的な知識や技術を持つ人材でしか成しえないボランティア活動の一つのあり方を示してくれるとともに、この世にただ一つしか存在せず、放置しておけば永遠に失われてしまう記録を、一人ではなく仲間で協力しあい創意工夫を重ねて残していくことの大切さを、教えてくれる。（大阪大学出版会、二〇一四年六月刊行、四六判、本体価格一七〇〇円＋税）（二〇一五年三月）

第八章　大阪大学経済史・経営史資料室

（1）大学改革における「不易」

現在、日本の大学では抜本的な改革が不可避となっている。まず、少子化に伴う日本人学生の減少への対応という意味もあって、外国人学生や生涯学習をめざす社会人学生を広く受け入れ、すぐれた教育を行うことが求められている。次に、国家資金の重点配分などを通じて、世界に通用する研究拠点の育成が目指されている。そして教育や研究を支える資金を国庫からのみならず自前で確保すること、そのために個々の大学が経営に相当の力を注ぐことが必要とされている。

多くの大学関係者はこれらの課題に対応できるか否か、大きな不安をお持ちであろうが、その一人である筆者は、まもなく大阪大学出版会から刊行される『大阪大学経済学部五十年史』の編集を担当した。短期間での編集作業は重労働ではあったものの、上記のような激動の最中にあって今後の大学のあり方を考える好機となった。

一九三一（昭和六）年に創立された大阪大学は理・医・工の三学部のほか二つの研究所も含めて、全国から優秀な研究者を集め、短期間に研究・教育実績が高く評価されるようになったが、文科系諸部局の発足は戦後を待たねばならなかった。当初法文学部の一部として出発した経済学部は一九五三年にようやく独立し、その後、経済学科のみの構成から一九六五年に経営学科が加わる一方、翌年には阪大唯一の文科系研究所の社会経済研究所を分離独立させた。このように旧帝大系総合大学のなかでは比較的短い歴史を持つにすぎないが、この五〇年間に阪大経済学部は、近代経済学、数理的な経営学、実証的な経済史・経営史という終戦直後の日本人には必ずしも知られていなかった。しかしながら、その後の日本の社会科学の歩みを振り返れば世界の潮流にいち早く乗っていた分野でめざましい研究業績をあげることができた。

初期の阪大と草創期の経済学部には三つの共通点があった。まず、国家予算をあてにして設立されなかった。阪大は昭和恐慌の最中に設立され、経済学部も含む文科系学部は戦後の混乱期に出発したため、潤沢な国家財政に支えられてできた訳ではなかった。次に、資金難を克服できたのは関西経済界が、大阪大学、そしてその経済学部が関西の発展に不可欠であるとの認識の下に、募金運動などを通じて強力に支援してくれたためであった。最後に、初期の阪大では研究が教育よりも重んじられ、とくに優秀な若手研究者を学閥にとらわれず、広く全国から募集するという人事方針が採られて、経済学部でも類似の方針が貫かれた。

創立後、阪大経済学部は教員の人事に際し、査読付雑誌に掲載された論文数篇の公刊を候補者に求め、特に教授人事においてはそのほか単独の著書や博士号を有することを重視するようになった。スタッフが特定の大学出身者、とくに卒業生に偏らないことも inbreeding（同系交配）の弊害を避けるため、意識的に進められた。一九七〇年代頃からは紀要を通じて教員の研究業績や社会貢献活動が詳細に公開されてきた。いずれも近年の改革において多くの大学に求められるようになったことであるが、阪大経済学部ではすべて数十年前から実践されてきたのである。このように阪大経済学部はすぐれた研究者の確保を重視してきたが、それは教育の軽視を意味しない。そこでは体系的なカリキュラムの構築と少人数教育の充実に相当の労力が割かれてきた。学部のみでもまもなく一万人の大台を超えようとしているすぐれた卒業生を世に送り出し、彼らは関西系をはじめとする民間企業などで大活躍している。さらに大学院も優秀な研究者を大学などに供給してきた。

今後の大学改革においても、阪大経済学部が進めてきた上記の努力は、いささかも否定されるべきものではあるまい。とくにそこでの教育が、卓越した研究成果に支えられてきたことをここで強調しておきたい。最近、学生の問題意識や学習意欲の減少を嘆く声をしばしば耳にする。しかし、私どもの経験からすれば、最新の研究成果に裏づけられた講義や演習は意外に多くの学生を惹きつける力を持つものである。阪大経済学部の教員が啓蒙活動などの社会貢献活動に熱心であることもよく知られているが、その場合でも例えば講演会の聴衆は、スピーカーがおざなりの話をすれば、その人物を次回から招かなくなるものである。教育や社会貢献活動も、深い学問的裏付けがなければ相手に失望を与えるだけであろう。

今後、多くの大学は知恵を絞って、生き残りをかけた様々な努力を続けていくことになろう。しかし、それらが奇をてらっただけのようなものであってはなるまい。大学でしか実現できないような卓越した研究、そしてそれに裏付けられた教育や社会貢献活動は、大学が今後いかに変化しようとも、重要であり続けるであろうし、さらに言えば、大学人はそれらを守り続けねばならないように思われるのである。（二〇〇三年九月）

（2）大阪大学経済史・経営史資料室

二〇〇三（平成一五）年五月末時点で五〇人の教官から成る経済学研究科は、本学諸部局中ではさほど大きな組織ではないものの、先日大阪大学出版会から刊行された『大阪大学経済学部五〇年史』に詳述されているように、戦後の日本の社会科学の研究・教育をリードし、輝かしい実績をあげてきた。同研究科のスタッフは専門によって理論・政策（経済学）、経営、歴史の三系に大別されるが、経済史・経営史の研究者から成る歴史系教官（教授・助教授・助手）は現在八人（うち助手が一人）であり、研究科内では少数グループながら、他の二系に比べて遜色ない研究・教育実績をあげてきたと自負している。歴史系スタッフは関連学会の会長・理事・編集委員などを務めているのみならず、国際会議に積極的に参加し、欧文論文も多数発表するなど、内外の経済史・経営史研究をリードしている。

歴史系スタッフの研究活動の基本は、多くの文科系諸部局の場合と同じく各自の研究室を拠点とする個人研究である。各メンバーが立脚している理論的フレームは多様であるが、資料（可能な限り一次資料）に基づく徹底した実証、および数量データを駆使した客観的な分析の二点は共通の特長であろう。外国経済史関係のスタッフ三人は、近・現代を中心に価格革命期から第二次世界大戦後に至る長い期間をカバーし、比較経済史や数量経済史、とりわけ絶対王政期フランスを中心とする財政・金融史、プロト工業化、一九世紀ドイツにおける鉄道業の展開と工業化との関連、一九世紀末から戦間期までのアジア諸国間の貿易や移民などに関する研究を推進してきた。

四人のスタッフを中心とする日本経済史は、近世および近代に重点を置き、特に近世米穀市場の構造と機能、あるいは近世・近代における商品流通組織や物価史などの領域で重要な貢献を果たしてきた。以上のメンバーの大部分が従事している経営史では、近・現代日本を主な対象として、戦前期における製糸・紡績・織物・機械・雑貨などを中心とする産業史、戦時期における科学技術史などに関する研究が近年、精力的に進められてきた。

経済史・経営史資料室（略称、歴史系準備室）はこの歴史系スタッフおよび彼らの指導下にある大学院生（現在二一人）さらにOB研究者の共通の研究・教育の場であり、正確には豊中キャンパスに二〇〇〇（平成一二）年秋完成した文法経大学院総合研究棟の地下一階に設けられた史料研究室、およびその向かいにある史料検収室の総称である（なお旧資料室は、文・法・経研究棟二階に設置されていた）。経済史・経営史資料室は、第一に、上記の個人研究を超えた共同研究の拠点である。歴史系スタッフは、科学研究費などの助成を受けつつ数人のメンバーを核として他大学の研究者を加えた、期間三〜四年の共同研究を継続してきた。過去約一〇年間における経済史・経営史資料室を拠点とする科研プロジェクトは以下の通りである。

（一）　総合研究A「明治期における産業発展と地域経済」（課題番号：05301079、研究代表者：宮本又郎教授、参加メンバー：計一〇人、うち歴史系三人、期間：平成五〜七年度）

（二）基盤研究Ａ（１）「戦前日本における資産家・企業家層の形成に関する研究」（課題番号：０８３０３００９、研究代表者：宮本又郎教授、参加メンバー：計八人、うち歴史系三人、期間：平成八〜一〇年度）

（三）基盤研究Ｂ（１）「地域工業化の展開と人的資源・経済組織の相互関連に関する比較史的研究」（課題番号１０４３００１７、研究代表者：佐村明知教授、参加メンバー：計一八人、うち歴史系二人、期間：平成一〇〜一二年度）

（四）地域連携推進研究（１）「関西企業家ライブラリーの構築」（課題番号：１１７９１０１５、研究代表者：宮本又郎教授、参加メンバー：計一二人、うち歴史系六人、期間：平成一一〜一三年度）

（五）基盤研究Ｂ（１）「近代日本における資産家・投資家・企業家層の研究」（課題番号：１１４３００１６、研究代表者：阿部武司教授、参加メンバー：計九人、うち歴史系三人、期間：平成一一〜一四年度）

（六）基盤研究Ｂ（２）「労働集約型工業化の比較史的研究」（課題番号：１３４３００２２１、研究代表者：杉原薫教授、参加メンバー：計四人、うち歴史系二人、期間：平成一三〜一五年度）

（七）基盤研究Ｂ（２）「戦前期関西地方の繊維産業とその金融基盤—日本紡績協会資料と旧三和銀行資料の総合的研究—」（課題番号：１５３３００６９、研究代表者：宮本又郎

教授、参加メンバー：計三人、うち歴史系三人、期間：平成一五〜一八年度）

いずれのプロジェクトでも、研究成果は個人あるいは連名の学会報告、論文、著書として随時発表されてきたが、大阪商工会議所を連携団体とする（四）では、二〇〇一（平成一三）年に同会議所によって大阪市中央区の大阪産業創造館ビル地下一階に設立された大阪企業家ミュージアム（詳しくはそのホームページ http://www.kigyoka.jp/ を参照）で、江戸時代以来最近まで大阪で活躍してきた企業家約百人に関する詳細な調査研究結果を取りまとめた「関西企業家デジタルアーカイブ」、および、存命の企業家二〇人へのインタビューをビデオ映像化した「関西企業家映像ライブラリー」として、成果が訪問者に直ちに役立つ形で公開されている。（二）と（五）では、これまで重要であることは知られていながら、データが多すぎて手作業では全貌がとても把握できなかった資料『日本全国商工人名録』の明治三二（一九〇二）年版および同四〇〜四一（一九〇七〜〇八）年版の全てのデータをコンピュータに入力する作業を完了し、あわせて関連年次における全国主要会社企業の株主名簿のデータベース化を進めた。データの点検作業がまだ残っているため、整理されたデータを公開するまでにはさらに数年の歳月が必要ではあるが、上記の作業によってＩＴを経済史・経営史に活用する一つの道が切り開かれたものと自負している。（六）では、ヨーロッパ史、アジア史の最先端で活躍している研究者を巻き込んで、二〇〇一年に大規模な国際会議を大阪で開催し、翌年アルゼンチンのブエノスアイレスで開催された第一三回国際経済史会議のセッションを主宰した。一四篇の英文論文はすでにＣＤ－ＲＯＭで公開されており、現在論文集を編集中である。日本紡績協会および旧三和銀行から寄贈された一次資料の整理を目的とする（七）に関しては『阪大Ｎｏｗ』今月号表紙〔本章（４）〕および拙稿「日本紡績協会資料について」〔同（３）〕を参照されたい。

第二に、経済史・経営史資料室とりわけ史料研究室では、スタッフ、大学院生、そして内外の経済史・経営史を中心とする歴史研究者が、授業やセミナーを通じて活発に交流している。まず、大学院の授業に関しては、各スタッフがそれぞれの専門を反映した講義や演習を毎学期開講しているほか、歴史系スタッフ全員が新入生を対象にコア科目を通年で設け、学界で焦点となっている重要なテーマを毎回とりあげている。コア科目では狭い専門の枠を超えて、西洋・東洋・日本あるいは近世・近代・現代といった広い視野から歴史を見る能力の育成が図られ、経済史・経営史の領域における最先端の議論を最短距離で理解できるよう配慮がなされている。さらに、歴史系スタッフは、大学院生の個人研究の発表の場を随時設け、彼らが一日も早く自立した研究者となれるよう支援している。大学院生には研究・教育機関での活躍を志す内外の若い人々のみならず、企業に在職中あるいは退

経済史経営史資料室に保管された鴻池文書

2002年2月。阪大経済学研究科歴史系教員・大学院生の産業遺産視察旅行。トヨタ・グループが名古屋市に設立した産業技術記念館にて。

職後研究に励んでいる方など多様な人材が含まれている。授業以外の研究会活動も経済史・経営史資料室を拠点として活発に行われ、とくに、歴史系が主宰する「経済史・経営史研究会」は、日本のみならず世界の最先端で活躍する研究者のセミナーとして、国際的にも注目されている。近年における研究会の状況はhttp://www2.econ.osaka-u.ac.jp/history/を参照されたい。

第三に、史料検収室には多数の貴重な史料が保存されている。徳川期屈指の豪商鴻池家文書をはじめ小野組文書、両替商冨子家文書、大坂三郷水帳（土地台帳）その他の近世文書、すでにふれた日本紡績協会資料や旧三和銀行資料などの近代文書、さらにマイクロフィルム資料が保管され、研究・教育に資しているとともに、その大部分が学外の研究者にも公開されている。

なお、歴史系スタッフは、研究科開設以来、関連学会（とくに社会経済史学会、経営史学会、企業家研究フォーラム）への積極的な参加・協力はいうまでもなく、実学を尊ぶ風土の大阪を地元とすることもあり、各社社史や地域史の編纂への指導的なかかわり、あるいはすでにふれた大阪企業家ミュージアムへの協力などを通じて、社会貢献活動にも多大の精力を注いできたが、経済史・経営史資料室はしばしばそれらの拠点としても機能してきた。近年における同資料室の活動および所蔵資料に関する委細は、前掲のホームページを参照されたい。（二〇〇三年一〇月）

（3）日本紡績協会資料について

二〇〇〇（平成一二）年一一月、日本紡績協会のご厚意によって、世界に誇るに足ると評しても過言ではない同協会の文献コレクション約三万点が、大規模に増設されてまもない大阪大学豊中地区附属図書館に恒久的に保管されることになり、職員の方々による丹念な整理を経て、約一年前〔二〇〇二年〕から貴重書として内外の研究者に広く公開されている。

一九三一（昭和六）年に理科系学部のみで発足し、戦後文科系学部を加えて真の意味で総合大学となった大阪大学が、今や日本の拠点大学の一つであることは万人の認めるところであるが、比較的新しく設立された大学であるために、その図書館には外部に誇る特別な文献コレクションが少ない事実は否めない。もちろん懐徳堂や適塾関連の文献や長岡半太郎初代総長をはじめ初期の総長が寄贈された資料など本学の至宝ともいうべきコレクションがいくつか存在しないわけではないけれども、東京大学、京都大学、一橋大学などの古い歴史を持つ大学と比べて貴重な文献のストックが少ないのは、残念ながら事実である。

欧米の一流大学の図書館を訪れるとき、多くの日本人は、美しい環境に囲まれた格調の高い立派な建物、多数の優れたライブラリアンの存在などとともに、保存されている文献の豊富さに驚かされる。そのなかには、そこでしか得られないような貴重なコレクションも少なくない。わが国が文化大国となるために大学図書館の充実は不可欠なのであり、特別な文献コレクションを意識的に整えることはその重要な一環を成すように思われる。

さて、今日わが国では綿業をはじめとする繊維産業は衰退産業の代名詞となっている。その事実自体は否定し難いのであるが、過去の歴史を振り返れば、繊維産業のうち、とくに綿業は多くの国が工業化を進める際、起動力としての役割を果たしてきた。一八世紀後半から一九世紀前半まで続いた周知の英国産業革命以来、同国イングランド北西部のランカシャー地方、とりわけその中心地たるマンチェスター市の内外に展開していた、紡績・織物・加工および流通から構成される綿業が「世界の工場」の重要な一部として国際綿製品市場を長らく支配していた事実はよく知られている。同地において初めて定着した、機械を備え工場制度に立脚した近代的綿業はまず欧米先進諸国に、次いで一九世紀半ば頃からインドなどにも普及していったが、日本においても一八八〇年代後半（明治二〇年代）からこの産業は驚異的な発展を遂げた。徳川時代以来日本では商工業が高度な展開をみていたものの、明治初期においては、それらは農業に深く関わった伝統的な在来産業にとどまり、英国産業革命以来、欧米で発展していた近代的な技術や制度を取り入れた産業はきわめて少なかったのである。そのなかで綿紡績業は突出した発展を遂げた数少ない近代産業であった。

綿紡績業以外にも機械・金属・化学・電力などの近代産業がようやく顕著な展開をみるようになった第一次世界大戦期を経て、日本経済は両大戦間期における世界大不況や世界経済のブロック化などの試練に直面したが、鉱山業や、繊維産業のもう一つの柱であった製糸業など明治期以来のいくつかの基幹産業の停滞・衰退をよそに、綿業は、急速な技術進歩や同業者団体・紡績連合会の卓越した組織力に支えられて発展し、昭和初期には英国綿業を世界綿布市場において凋落させるに至った。その後、日中戦争以降の戦時期における一時的衰退を経て、戦後の朝鮮戦争ブームで綿業は急速に復興し、以後高度経済成長初期まで基幹産業の地位を維持した。

また、戦前期の日本綿紡績業は、株式会社制度、商品市場や株式市場、工場制度、業界団体の紡績連合会といった経済的諸制度を創出し、労務管理をはじめとする経営管理技術の形成面でもパイオニアとなり、紡織機械、化学（とくに染料および化合繊の製造）、空調、商事、海運、倉庫、金融など多数の関連産業の発展を牽引する重要な役割をも果たした。

綿業は関東から関西にかけて、とりわけ愛知県と大阪府で高度な展開をみたが、なかでも大阪市を中心とする大阪府では、東洋紡、鐘紡、大日本紡など昭和初期に世界的な大企業となった諸会社をはじめとする紡績企業の巨大な工場が林立して「煙の都」となり、大阪市本町周辺の船場には問屋・商社が軒を連ね、府南部の泉南・泉北などには織布専業の機業家が集中する織物産地が発展した。こうした事実によって大阪は一九世紀末から「東洋のマンチェスター」として世界的に知られるようになった。

この大阪の市内で紡績連合会が創立されたのは一八八二（明治一五）年のことである。同連合会はその後しばしば名称を変更し、第二次世界大戦後の一九四八（昭和二三）年に今日の日本紡績協会となったのであるが、日本に多数存在する各種業界団体の中でも一二〇年という長い歴史を誇るものは見出し難い。

戦前、紡績連合会は、（一）企業間の労働者の争奪を規制し、（二）一八九〇年以降操業短縮（カルテル活動）を主導して、さまざまな利害関係を持つ加盟各社を取りまとめ、それらがともすれば進めがちな急速で過大な設備拡張を制御して綿製品の需給を巧みに調整し、（三）一八九三年以後には、当時インドから輸入されるようになっていた大量の棉花（綿糸の原料）の運賃を大手海運会社に交渉して低廉にする等、紡績諸会社のめざましい成長を組織的に支える重要な役割を果たしてきた。さらに紡績連合会は、創立時から綿業に関連する内外の文献資料を丹念に収集し、毎月出版されていた『大日本紡績連合会月報』の巻末統計、半年毎に刊行されていた『綿糸紡績事情参考書』などによって広く会員企業に、活動の基礎となる正確な統計データを公表してきた。こうした地道な情報活動が、諸産業に先駆けて日本の基幹産業となった綿業の発展を支えてきたと言っても過言ではない。

第二次世界大戦後には独占禁止政策が確立し、戦前のようなカルテル活動の実施は困難となったが、日本紡績協会は他産業に先駆けて成熟段階に達した綿紡績業の再編に大きく貢献し、海外情報や統計数値の整備・公表にも戦前と同様、力を注いできた。

日本紡績協会が収集した資料のうちには、上記の操業短縮や一九三〇年代に英国やインドなどとの間で繰り広げられた貿易摩擦問題にかかわる記録、あるいは在華紡（戦前、とくに第一次世界大戦以降、中国大陸に進出した日本紡績の現地企業）の文書のような一次資料のほか、紡績各社の明治期以来の考課状（戦後は有価証券報告書）、綿業を中心とする繊維業界関連の年鑑・雑誌、日本のみならず諸外国で出版された統計・調査類、業界関係者からの聞取りの記録など、日本国内ではもちろんのこと、外国においても今日では容易に閲覧できない文献が夥しく含まれており、それらはとくに経済史・経営史・産業史などの研究に携わる者にとっては垂涎の的であった。ちなみに、産業革命の祖国イギリスにおいても日本紡績協会が収集してきた資料に匹敵する綿業関連の包括的な文献コレクションは、英国マンチェスター大学のジョン・リーランズ図書館などを例外として意外に少ない。日本紡績協会は日本人のみならず外国人研究者にも資料の閲覧を寛大に認め、多大の貢献をしてきたと聞く。

日本紡績協会が、綿紡績業史という大阪近代史の根幹にもかかわる第一級の資料の全てを寄贈して下さり、本学図書館が、当時の西原浩図書館長、杉原薫図書館豊中地区運営委員会委員長以下、事務部を中心とした関係各位の並々ならぬ尽力によって、率先してこの資料を整理・公開したことは、地域における貴重な文化財である歴史資料、とりわけ昨今の長引く不況を背景としたリストラの嵐のなかで廃棄の危機に瀕している企業・産業関連の資料を保存する際の、産学共同のモデルとなったとも評価されよう。

日本紡績協会資料は、今後、近代史資料の巨大な柱として阪大図書館の一つの顔となる可能性を秘めている。その兆しはすでに現れており、筆者のところには毎月のように経済史または経営史を専攻する学外の優秀な研究者から、日本紡績協会資料を閲覧したい旨のご希望があり、外国人研究者で同資料をすでに閲覧した方も少なくとも五人はおられる。日本綿紡績業の歴史についてはこれまでにも経済史、経営史、産業技術史、労働史といった主として経済学研究科の関連分野において様々な視角に立つおびただしい研究成果が蓄積されてきたが、いっそうの考察を要する課題は多数残されている。日本紡績協会資料は、そうした領域のみならず、たとえば法学研究科関連で政治史や外交史、文学研究科関連では西洋・東洋・日本の全てに関わる近代史の分野等の研究者にとっても、きわめて有益と思われる。

日本紡績協会資料は、豊中地区附属図書館の書庫（旧来の建物）六階奥の貴重書コーナーに保管されているが、そこに置かれているのは大部分が製本された図書・雑誌類である。他方、先ほど触れた一次資料の大部分は未整理のままダンボール約三〇箱に収められて図書館に近い法経大学院研究新棟地下の経済学研究科歴史系準備室に保存されている。図書館におけるライブラリアンの任務は、あくまでも図書・雑誌の収集・整理・公開なのであり、一次資料の管理はアーキビストの仕事であるから、以下で説明する日本の現状からすれば、この措置はやむをえないものといえよう。

欧米では、ライブラリアンとは明確に区別されるこのアーキビストの活躍する場が、大企業が設立した企業博物館などに設けられている。たとえば米国のミシガン州ディアボーンにある、自動車産業の創業にかかわるフォード博物館や、デラウェア州ウィルミントン市に化学の分野で著名なデュポン社が設立したハグリー博物館などには各企業が残した一次資料が実によく整理・保存されており、A・チャンドラーをはじめとする経営史研究者のすぐれた業績もそうした資料の公開なくしては実現し得なかったであろう。そして、それが優秀なアーキビストの多年にわたる尽力の賜物であったことは筆者が実際に見聞したところである。さらに欧米ではアーキビストが大学図書館にもしばしば所属し、一次資料を熱心に集め、整理し、公開している。わが国でも三井文庫、東京大学史料編纂所など、すぐれたアーキビストによって貴重な一次資料が管理・公開されている機関がないわけではない。しかし、率直に言ってアーキビストの仕事の重要性が日本社会一般に十分理解されているとは言い難く、アーキビストは博物館の学芸員としばしば混同されるのが実状である。先ほど日本が真の文化大国となるためには、各大学図書館がユニークな蔵書コレクションを持つことが重要であると述べたが、いま一つ私見を述べれば、図書館という機関に限定されることではないけれども、すぐれたアーキビストをライブラリアンや学芸員とともに積極的に育成し、その活躍の場を保障することも文化大国としてのゆとりなのではないだろうか。

日本紡績協会コレクションに含まれている一次資料については、経済学研究科スタッフの中の日本経済史・経営史関連の数人が大学院生の研究指導を兼ねながら、それらの整理をこれから数年がかりで進めていく予定であるが、何分パートタイムのアーキビストたちの仕事になるため、その公開までには少々時間をいただきたい。ともあれ、本学図書館に収納されている日本紡績協会コレクションが学内、学外を問わず多数の研究者によって活用されることを願ってやまない。

(二〇〇三年三月)

(4) 旧三和銀行所蔵資料について

二〇世紀の最盛時に世界最強を誇っていた日本の大企業の多くは二一世紀に突入した現在、大きな転換期を迎えているが、バブル経済期に世界の注目を集めた金融機関は近年とりわけめまぐるしく再編され、かつてはなじみ深かった都市銀行も四大メガバンクに転じて、以前の名称がそのまま残っているものは皆無となった。二〇〇二(平成一四)年一月に三和と東海の二行が経営統合して設立されたＵＦＪ銀行もその一つであるが、関西経済に深く関わってきた旧三和銀行関係者のご厚意で、戦前および戦時中に作成された同行関連の帳簿・営業報告書・書類などの資料計五三二点、および同行が保管していた銭箱などの遺物六点が、二〇〇二年四月に大学院経済学研究科に寄贈され、同研究科経済史・経営史資料室（豊中キャンパスに二〇〇〇（平成一二）年秋竣工した文法経大学院総合研究棟地下一階）に保管されることになった。リストラの嵐のなかで多くの貴重な企業資料が急速に失われつつある今日、それらの大学への寄贈・公開という企業側の英断には心から感謝しなければならない。

　三和銀行は、いずれも大阪に拠点を持つ鴻池、三十四、山口の三行が一九三三（昭和八）年に合同して設立され、その後、同行が関西を中心に日本経済の発展を支えてきたことは周知の事実であろうが、われわれが保管することになった資料中には、幕末ないし明治初期以来の前身三行の関係文書、三和銀行創立関係文書、戦時期に同行に合併された諸銀行に関する文書などが含まれている。近代日本経済史・経営史の研究を進める上で大変貴重なこれらの資料は現在、経済学研究科歴史系スタッフにより整理中であり、数年後には公開にこぎつけたいと思っている。（二〇〇三年一〇月）

旧三和銀行所蔵文書

第九章　社会科学研究の国際化

（1）二〇世紀における英国北西部と関西のビジネスの変遷

（一）日英共同研究の成果の出版

本年〔二〇〇〇（平成一二）年〕初頭にD.A.Farnie, T.Nakaoka, D.J.Jeremy, J.F.Wilson & T.Abe (eds.) *Region and Strategy in Britain and Japan: Business in Lancashire and Kansai 1890-1990*（『英日両国における地域と経営戦略―ランカシャーと関西のビジネス　1890―1990年―』）という三〇〇ページ余りの英文の書物が英国ラウトリッジ（Routledge）社から出版されたことをご存知の方はあまり多くないだろう。本書の執筆者（順不同。以下カッコ内は現在〔西暦二〇〇〇年一〇月当時〕の所属等）はダグラス・A・ファーニー（Douglas A.Farnie　マンチェスター・メトロポリタン大学）、デイヴィド・J・ジェレミー（David J.Jeremy　同）、ジェフェリー・トゥイーデール（Geoffrey Tweedale　同）、ジョン・F・ウィルソン（John F.Wilson　ベルファースト・クイーンズ大学）、ケネス・D・ブラウン（Kenneth D.Brown　同）、ケン・ウオーレン（Ken Warren　元オックスフォード大学）の英国人六人と中岡哲郎（大阪経済大学）、玉井金五（大阪市立大学）、西沢保（一橋大学）、沢井実（大阪大学）、高松亨（大阪経済大学）、佐々木淳（龍谷大学）および阿部の日本人七人であり、各章の目次を日本語で掲げれば、以下の通りである。

第一章　ファーニー・阿部「地域と歴史」
第二章　ファーニー・中岡「地域と国家」

第三章　ジェレミー・阿部＝佐々木「イングランド北西部と大阪府における大企業の展開の比較　一九〇〇〜一九九〇年代」

第四章　ファーニー・阿部「日本、ランカシャー、およびアジア綿製品市場　一八九〇〜一九九〇年」

第五章　ブラウン・玉井「繊維産業における労務管理」

第六章　ウィルソン・中岡「大阪府とマンチェスターにおける電気機械メーカー─松下とフェランティの比較─」

第七章　ウオーレン・高松「造船メーカー、キャメル・レーアドと日立造船の比較」

第八章　ウィルソン・西沢「日英における経営管理教育─地域史の視点から─」

日英共同研究の成果（2000 年刊行）

第九章　トゥイーデール・沢井「一九二〇年代から一九六〇年代までの大阪府とイングランド北西部における研究開発」

第一〇章　編者全員「地域と経営戦略」

手前味噌で恐縮であるが、この研究の特色は

まず、英国北西部（マンチェスターを中心とする

マンチェスターには繁栄が戻ってきた？（2019年11月）

ランカシャー、およびそこに近接するチェシャー）と関西という、いずれもかつて綿業の世界的センターとして著名であった両地域の企業経営が二〇世紀にいかなる変容を遂げたのかを世界で初めて本格的に比較検討した点にあり、その間、企業家精神がすっかり衰えてしまったランカシャーに対して、関西のそれは少なくとも最近まで非常に活力に富んでいたという主張が一応の結論である。

次に、私どもは人文・社会科学の分野では、おそらくあまり類例がない、新しいタイプの共同研究のスタイルを開発したと自負している。私どもは、一九九〇年代を中心とする十余年間という長い年月をかけて、言葉と距離の壁に悩みつつ、コンファレンス、ワークショップ、私的な面談、と折を見つけて直接英語で討議し、郵送やファックス、最近では電子メールを活用して、原稿とそれに対するコメントの執筆を執拗に続け、一書の出版にこぎつけた。自然科学の分野のみならず、人文・社会科学の領域でもすでに「国際化」の時代が到来しているといえようが、その実態は、国際会議で英語を用いて研究成果を発表すること、そのもとになった論文を手直しして、

1994年、イギリス・ランカシャー・オールダム市の旧プラット・ブラザーズ社の前で。
左よりG・トウィーデール、D・ジェレミー、中岡哲郎、阿部、中岡百合（哲郎氏夫人）、西沢保、玉井金五、D・ファーニーの諸氏。

それを世界各地の研究者が同様にして作成した論文と一緒にまとめた書物を出したり、英文の雑誌に投稿したりすることを指すようである。そうした仕事も重要であろうが、私どもが試行錯誤のなかであみだした方式は、時間をかけて外国人と徹底的に討論し、相互理解を可能な限り深めるという、一見したところ非効率的なものであった。仕事の速さが何よりも重んじられる今日、こうしたやり方はあまりはやらないのかもしれないが、私どもが手探りで作り上げた国際共同研究のスタイルは、物事を深く考える上ではきわめて有益であったと確信している。

以下ではこの共同研究を通じて明らかになった多数の事実のうち、とくに両地域の基幹産業であった綿業の衰退がそれぞれの地域の経済に及ぼした影響につき、筆者の見聞も交えて紹介しよう。

（二）ランカシャー経済の衰退

われわれの日常生活といえば、「衣食住」なる言葉が直ちに思い浮かぶであろう。それは経済発展の基本である個人消費支出の中心的な内容であるが、その内でも「衣」に関わる繊維産業の発展が英国だけでなく、世界の工業化の出発点となった事実は広く知られている。すなわち一八世紀半ばより一九世紀前半にかけて、英国マンチェスターを中心とするランカシャー地方でケイの飛杼（とびひ）、ハーグリーヴズのジェニー紡績機、アークライトの水力紡績機、クロンプトンのミュール紡績機、カートライトの力織機などの繊維関連の技術革新が相次いだことに支えられて機械製綿工業が高度な展開を遂げ、それがシェフールドやバーミンガムの金属・金属加工業やグラスゴーの造船業の発展、ワットの蒸気機関の発明、エネルギー源である石炭採掘の活性化などと総合されて「産業革命」と呼ばれるようになり、この変化を経て一九世紀の英国が「最初の工業国家」あるいは「世界の工場」となったのは周知の事実であろう。ランカシャーにはまた巨大な貿易都市リヴァプールがあり、綿業に関連する限りでも、多数の貿易商がひしめく同地では、アメリカ合衆国やエジプトなどから大量の綿花が輸入され、ランカシャーで生産された綿糸や綿布が幕末に開港した日本も含む世界各国に大量に輸出されていった。

繊維工業地域としてのランカシャーの繁栄は二〇世紀初頭まで続いた。すでに長い期間経済発展を経験していたランカシャーでは、そのころには綿業以外の産業も高度な展開を遂げていた。表の一九〇七（明治四〇）年の数値によれば、従業者数上位五〇企業中、繊維は一四と最多であっ

表　大阪府とイングランド北西部における従業者数上位50企業の産業別内訳

（単位）企業数

産業	大阪府				イングランド北西部			
	1902年	1931年	1954年	1993年	1907年	1935年	1955年	1992年
繊維	21	28	8	1	14	13	9	2
食料品・煙草	3	1	1	1	0	0	1	9
金属・金属加工	5	3	4	6	0	2	2	0
機械	4	5	15	14	14	9	15	9
化学	4	1	7	3	5	2	3	2
ガス・水道・電気	不明	4	1	2	2	0	2	5
運輸・通信	4	6	6	6	9	6	7	6
商業	不明	不明	1	5	2	6	6	10
金融	不明	不明	不明	11	1	2	0	4
小計	41	48	43	49	47	40	45	47
合計	50	50	50	50	50	50	50	50

（出所）D.J.Jeremy, T.Abe & J.Sasaki, 'Comparisons between the Development of Big Businesses in the North-West of England and in Osaka, 1900-1990s' in D.Farnie et al., *Region and Strategy in Britain and Japan* (London: Routledge, 2000).

たが、同じく一四を機械が占めている。これにはオールダムのプラット社をはじめとする紡織機械メーカーの発展によるところが大きい。これに次ぐのは運輸・通信の九企業であるが、それらは綿業を支えた運河（マンチェスター・シップ・カナル）のほか都市化の進展による鉄道の発展を反映している。

ランカシャー綿業の衰退の分水嶺は第一次世界大戦（一九一四～一八年）であった。二〇世紀の初めには後発国のインドや日本の綿業が急激な発展を遂げ、アジアにおけるランカシャー製品の優位を脅かしつつあったのであるが、大戦後にこの動きは、とくに日本綿業の躍進によってさらに明白になった。ところが、ランカシャー綿業はそれら諸国の追い上げに容易に対処できない問題点を抱えるようになっていた。まず、以前は堅実な経営を続けてきたランカシャーの工場所有者たちの多くが、戦中・戦後のバブル的な好況に浮かれて、銀行からの巨額の金を借り入れ、水増しされた価格で工場を投機的に売買したため、ブームが去った後には、不良債権と化した多数の紡織工場が残された。この点は、同時期の日本で大手紡績会社が内部留保の充実に努め、戦後の発展の基礎を固めていた事実とは対照的であった。次に、もともとランカシャーでは綿製品の販売に関心を持つ紡織企業が少なく、販売は輸出も含めて商人・商社任せであり、メーカーは「良い製品を作っていれば、消費者がそれを買うのは当たり前だ」と信じていたが、大戦期以降、こうしたマーケティング面での弱さが露呈されることになった。ランカシャーの綿関連の商人や商社の多くは実は地元出身者ではなく、ドイツ人などの外国人だったのだが、大戦は母国への彼らの帰国を促してしまった。さらに、大戦後に販売活動を行った商人や商社には外国での需要動向の把握や外国語の修得などに対する努力が欠けており、そうした面で強い力を発揮するようになっていた日本の繊維商社との格差は拡がる一方であった。もっとも大戦後、ランカシャーの工場主たちが不況にまったく対処しなかったわけではない。イングランド銀行の意向を強く反映するものではあったが、一九二九（昭和四）年には約一〇〇の紡績企業を合併したランカシャー綿業社が成立した。しかしこの場合でも、ランカシャー企業に伝統的な個人主義が災いして、被合併企業の自立性を払拭するのは容易ではなく、同社が一つのまとまった企業となるのには多大の時間が必要であったとみられる。同社の事例を離れても、ランカシャーの綿業関係者が商業会議所を通じて政府に救済を求める動きも、業者間に協調性が欠落していたため概して不活発であったという。

こうして、第一次世界大戦後のランカシャー綿業はそれ以前の輝きを失ってしまった。第二次世界大戦期には日本との競争がなくなったことによってランカシャー綿業は一時勢いを取り戻した。戦後も数年間は日本の脅威はさほど大きくなかったものの、他方でパキスタン、香港等の英連邦諸国における綿業の発展がランカシャー綿業を再び衰退に追込むようになった。前掲の表に示された繊維企業の数は一九三五（昭和一〇）年の一三から一九五五年には九へと激減している。一九五九年における英政府の綿業に対するリストラ立法の実施と、六〇年代後半におけるコートールズとICIという巨大合成繊維メーカーによるランカシャー綿業に対するドラスティックな吸収・合併によってランカシャー綿業は短期間の内に解体してしまった。戦時期から戦後にかけてのランカシャー綿業の解体に関しては、私どもの研究会にも一時加わっていたニュージーランド在住の経営史家ジョン・シングルトン（John Singleton）がすぐれた書物を著しているが、その題名は *Lancashire on the Scrapheap 1945-1970*（Oxford & New York: Oxford University Press, 1991）である。筆者がマンチェスターの図書館でランカシャーの写真集を見たところ、一九六〇年代末における紡織工場の解体によって、文字どおり瓦礫の山に土ぼこりが立ちこめる凄まじい光景が収録されていた。共著者の一人ウィルソンが、学生時代にそれらの工場の解体のアルバイトをしたと語っていたことも思い出される。

その後約三〇年が経過したが、綿業という基幹産業を喪失した後のランカシャー経済の復興ははかばかしくない。先の表によれば一九九二（平成四）年における上位五〇企業中、繊維はわずか二つに過ぎず、かつて優勢を誇った繊維関連の機械を主な製品とする企業は見当たらない。マンチェスターには綿業関連の倉庫や工場であったという堂々とした煉瓦建の建物が軒を連ねているが、ホテル等に使われている一部のビルを除けば、多くは長年工場から排出された塵埃で汚れたままであり、人気の少ない場所には何十年も使用されず荒れ果てたビルも少なくない。マンチェスターはもともと商業や金融の中心地であったのだが、前掲の表からもうかがわれるように、近年この傾向は強まっている。また、名門のマンチェスター大学とユミスト（工科大学）に加えて、近年ポリテクニク（日本でいえば高専に相当）から大学に昇格したマンチェスター・メトロポリタン大学が多数の学生を集めるようになり、学園都市としても発展しつつあると言われている。しかし私見によれば、戦前の写真に認められるにぎやかな人通りはまだ戻っていないようだ。治安も良くなく、週末の夜になると無職の若者たちが集まり、一晩中騒いでいる状況が少なくとも四〜五年前〔一九九〇年代半ばごろ〕には通常であった。ランカシャーでは現在、未婚の母の激増、日本でも最近知られるようになったサッカーのみを生きがいとする自暴自棄的なフーリガンの増加、ドラック取引や犯罪の頻発などの社会問題が山積みの状態である。経済的貧困はリヴァプール周辺で甚だしく、ヨーロッパでも最貧地域の一つと化している。

ただし、同じ英国北西部でもチェシャーの状況がランカシャーと大きく異なっている点は注目される。風光明媚なチェシャーに定住する高所得者は増えつつあり、同地に存在するマンチェスター空港は、利用者が伸び悩んではいるが、その周辺に多数の外資系のハイテク企業が展開しており、チェシャーの経済は総じて発展し続けている。

(三)「東洋のマンチェスター」の興亡

日本の関西でも一九世紀末から戦後の高度経済成長(一九五五〔昭和三〇〕~七三年)の初期までという長期間、綿業が基幹産業の地位を占めていた。日本の工業化は英国から一世紀余り遅れた一八八〇年代後半ごろに始まったが、それは関西とりわけ大阪府下の綿紡績企業に牽引されたところが大きかった。一説によれば日清戦争(一八九四〔明治二七〕~九五年)ごろからというが、二〇世紀初め頃には大阪市は「東洋のマンチェスター」と呼ばれるようになっていた。当時の状況を簡単に述べれば、大阪府や兵庫県の各地には、三井物産経由でランカシャー地域から輸入された前記のプラット社などの紡機を備えた、東洋紡、大日本紡、鐘紡、大阪合同紡をはじめとする紡績会社の工場が林立し、大阪府の泉州や兵庫県の西脇を中心とした播州には多数の独立の機屋から成る織物産地が展開し、大阪、神戸の両市には棉花をインドやアメリカ合衆国から輸入し、あるいは綿糸布を内外に売捌く商社や問屋が多数存在していた。二〇世紀初めの関西では綿業以外の産業、たとえば機械工業なども展開しつつあったが、それらの規模は概して小さく、前掲の大企業の構成表では戦前のランカシャーを上回る二〇~三〇の企業が繊維産業に属していた。「東洋のマンチェスター」は、すでに示唆したように第一次世界大戦を経ていっそうの発展を遂げ、例えば一九三三年には日本の綿布輸出量が、産業革命以来首位の座を独占してきた英国のそれを凌ぎ、戦後多くの産業で見られるようになる貿易摩擦問題がすでに発生している。

日本綿業は、原料の棉花を全面的に輸入に依存していたため、外貨獲得の能力が乏しいという経済政策上の理由から、一九三七（昭和一二）年の日中戦争勃発以来、一時衰退を余儀なくされたが、戦後、民需産業として復興が助成され、とりわけ朝鮮戦争ブーム（一九五〇〜五三年）以後、戦前以来の基幹産業の座に復帰するものの、ほどなく過剰設備問題に悩まされるようになり、加えて新興工業諸国の綿業に外国市場を奪われていった。高度経済成長期にはさらにアメリカ合衆国との貿易摩擦問題や、基幹労働力であった若年女子労働の不足に悩まされるようになり、石油危機後の円高期、とりわけ一九八五年のプラザ合意以降には外国製品の国内への流入が深刻化するようになった。

以上のように高度経済成長期以降、日本綿業は、第一次世界大戦後におけるランカシャー綿業と似た状況に直面するようになったが、関西経済はそれによってどのような影響を蒙ったのだろうか。まず、関西に多数存在した紡績工場が次第に姿を消していった。この点は前掲の表で大阪府の繊維企業が一九五四年、九三（平成五）年と急減していることからうかがわれよう。大手紡績会社は地方に残した工場で繊維製品の高級化、合成繊維を含む化学等の新分野への多角化を推進して生き残りを図っているが、経営はなかなか難しいようである。泉州等の織物産地でも石油危機以降、機屋の数が減り生産規模は縮小傾向を辿っている。過去三〇余年間、関西の繊維企業が苦しい状況に置かれているのは間違いない。泉州等では繊維不況が地域経済の停滞に影響を及ぼしていることも否定できないであろう。

　とはいえ、ランカシャーとは異なって関西では、繊維産業の解体が広い地域の経済的衰退を引起こすという状況が、少なくとも今までのところは生じていないといえそうである。その一因は、関西では繊維に代わる産業が多数発展し続けてきたことであろう。大阪府の大企業に関する前掲の表を見れば、まず、戦前すでに運輸・通信の展開が認められるが、一九三一（昭和六）年以降のその内訳は阪急、阪神、南海、近鉄といった私鉄であった。また、戦前から重工業（金属・金属加工、機械、化学）関連の企業が散見されるが、重工業は戦後、機械を中心に戦前の繊維に代わる地位を確立する。そして、ランカシャーとは異なりそれらは必ずしも綿業関連には限られない、幅広い需要に支えられていた。松下、三洋、シャープの関西系家電三社、住友金属工業、住友電工という住友グループ、クボタ、ダイハツ、ダイキン、栗本鉄工所、小松製作所、中山製鋼所、光洋精工、ダイヘン、近畿車輛、武田薬品工業等の大メーカー、あるいは中小規模の金属・金属加工企業がひしめく東大阪の産業集積を想起するだけでも、大阪府の重工業が綿業にはもはや規定されていない事実が明らかであろう。以上のような幅の広い産業を作り出し、企業家精神に富む人材を多数輩出できたことが、関西とランカシャーの明暗を分けた大きな要因であったように思われる。（二〇〇〇年一〇月）

（2）人文・社会科学の国際化をめぐって（一）—綿業史研究の現状と問題点—

英国産業革命以来、世界各国における工業化の始動時のエンジンとなってきた綿業については、長年、世界各国の経済史あるいは経営史の分野で詳細な実証研究が積み重ねられてきた。日本一国に関しても紡績や織物を中心に多様な視角から毎年多数の研究が外国人研究者の業績も含めて蓄積されてきたが、欧米や中国などの諸外国でも事情はまったく同じである。綿業に関心を持つ筆者はそれらにできるだけついていくように努めてはいるものの、世界的な研究動向を把握することは至難の業である。

その中で先日〔二〇〇四年〕、D.A.Farnie & D.J.Jeremy(eds.), *The Fibre that Changed the World: The Cotton Industry in International Perspective, 1600-1990s* が Oxford University Press から出版されたことの意義は大きいと思われる。綿業史研究の権威である二人の英国の編者により取りまとめられた約六〇〇ページに及ぶ本書は、一五人の寄稿者による四部一八章から成り、過去四世紀間における綿業の世界史的展開が市場、経営、技術などを焦点としつつ詳細に考察され、スペイン、オランダ領東インド（現インドネシア共和国）、西ドイツ、ロシア、米国ニューイングランド地方、インド、中国、日本に関する各論が収録されている。全章ともたんなる概説の域にはとどまらず、最先端の研究成果が盛り込まれている。日本に関わる三つの章の内容を簡単に紹介すれば、まず阿部が戦間期における紡績を中心とした綿業界の組織力を論じ、桑原哲也神戸大学教授が工業化初期の鐘紡における武藤山治の労務管理政策について考察する。さらに杉原薫大阪大学教授が世界市場との関連で戦後の日本綿業の展開を論じている。同書の巻末には主要国の綿業史に関わる重要な著作のリストが掲載されている。

二〇～三〇〔三五～四五〕年ほど前まで日本の経済史・経営史研究者は、外国における経済史・経営史研究の動向に敏感であった。綿業に限っても角山栄、吉岡昭彦、毛利健三、中川敬一郎、米川伸一などの先学が、少なくとも英語文献は精力的に渉猟して当時の最先端の研究成果を消化し、それらを日本の学界に積極的に紹介していた。とくに故米川氏はイギリス、アメリカ、インド、日本の近代綿業の展開を経営史的に比較するという欧米の研究者もなしえなかった前人未踏の試みに挑戦し、*Business History Review* など欧米の一流ジャーナルにすぐれた論文を発表して、国際的に高い評価を受けた。

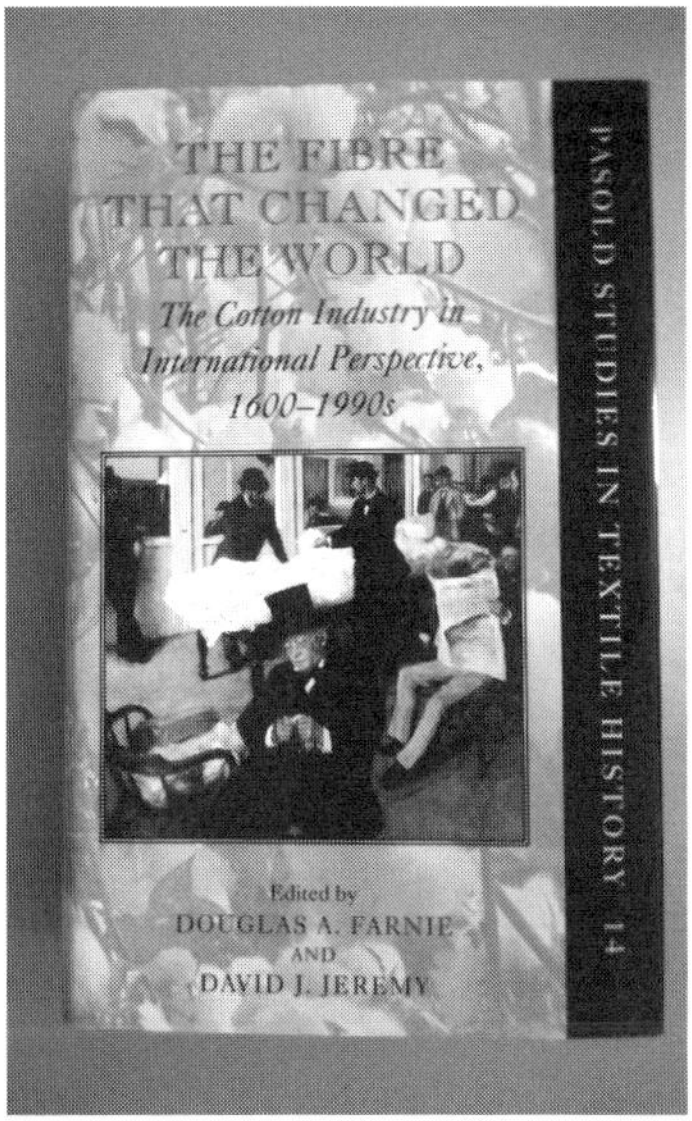

綿業史に関する国際共同研究の成果（2004年刊行）

しかし、それ以後、日本の研究者による外国における研究の紹介は次第に減っていったように思われる。近年国際化が進んだと、よく言われるものの、英語をはじめとする外国語の文献を大量に読みこなせる日本人はあまり増えていない。また繊維産業史を研究していると、しばしば「そんな衰退産業を調べていて何の意味があるのか？」という質問を受けて閉口することがあるが、最近の日本では歴史研究者にすらそうした認識が蔓延しているのかもしれない。あるいは、近年の「大学改革」で、行政や教育に時間を取られすぎて、本来研究に向けるべきエネルギーを消耗させてしまっている人も多いのかもしれない。色々な理由はあろうが、外国において活発に進められている研究に日本人研究者が無関心になってしまったのは憂慮すべきことであろう。前記のファーニーとジェレミーのほかにもサンドバーグ（L.Sandburg）、ラゾニック（W.Lazonick）、ローズ（M.Rose）、シングルトン（J.Singleton）、ハーリー（N.Harley）、サクソンハウス（G.Saxonhouse）、ゴッドリー（A.Godley）、クラーク（G.Clark）、ルーニッグ（T.Leunig）などの綿業史研究者が過去二〇～三〇〔三五～四五〕年間に営々と積み上げてきた輝かしい業績が、日本においてどの程度正しく把握されているのか甚だ疑問である。

別の角度からもう一つ重要と思われる問題点をあげたい。それは外国人による日本研究の受容である。昨年〔二〇〇三（平成一五）年〕のことであるが、J.Hunter, *Women and the Labour Market in Japan's Industrialising Economy: The textile industry before the Pacific War* という書物が RoutledgeCurzon から出版された。戦前期日本における綿紡績、製糸、織物という繊維産業を構成する三大部門全てを取り上げ、それらを支えた女性労働の実態につき、多数の日本語文献も駆使して詳細に解明した大変な力作である。製糸業の労働事情に関しては最近でも東條由紀彦、中林真幸、神林龍、榎一江等の諸氏によってすぐれた研究が進められつつはあるものの、残る二部門に関する考察は不十分であり、さらに三部門全体を通観した業績は皆無に近いと言っても過言ではない。刊行後日が浅いという事情は考慮しなければなるまいが、同書に対する日本人研究者の反応は筆者のみるところでは、どうもよろしくない。そもそも同書の刊行自体があまり知られていないのである。こうした優れた研究は、おそらく翻訳が出れば、日本人に広く認知されることになるのだろうが、研究者が英語文献すら読もうとせず、翻訳書がなければ名著も世に知られることなく埋もれてしまうのが現実だとすれば、「国際化」など本当に進んでいるのだろうかと疑いたくなる。

経済的にはだれが見ても日本が先進国となった現在、約二〇〔三五〕年ほど前には明らかに存在し、時には盲従的であった欧米崇拝がなくなったことは好ましいことかもしれない。しかし、研究者までが、日本が専門であるからといって外国人の業績から積極的に学ばなくなってしまったのであれば、大変おそろしいことである。様々な分野で国際化が進むなかで、人文・社会科学の多くの分野で日本はまだまだ未熟である。経済史・経営史の分野に限っても、ことは綿業史研究にとどまらないように思われる。欧米崇拝に戻る必要はまったくないが、諸外国における最先端の研究成果の摂取には、より貪欲になる必要があろう。（二〇〇五年）

（3）人文・社会科学の国際化をめぐって（二）―ジャネット・ハンター教授の近著に関連して―

ロンドン大学 LSE（The London School of Economics and Political Science）経済史部門に所属されているジャネット・ハンター（Janet Hunter）教授は、イギリスにおける日本近代史研究の第一人者である。ご専門は社会経済史と女性史と申しあげて誤りないと思われるが、教授が考察されてきた対象は郵便制度、繊維産業、そこで働いていた菊池恭三のような技術者や女性労働者など多岐に及ぶ。研究成果は主に英語で発表されてきたため、日本での知名度は必ずしも高くはないのかもしれないが、杉山伸也氏との共編著『日英交流史　第四巻　経済』（東京大学出版会、二〇〇一年）を一読すれば、教授の並々ならぬ力量が知られよう。

このたび私は、ハンター教授が二〇〇三（平成一五）年にRoutledgeCurzon社から出版された*Women and the Labour Market in Japan's Industrialising Economy: The Textile Industry before the Pacific War*を、気鋭の経済史・経営史家である中林真幸、橋野知子、榎一江の三氏の協力を得て、谷本雅之氏との監訳『日本の工業化と女性労働―戦前期の繊維産業―』と題して世に出すことになった。戦前期日本の女性繊維労働者に関しては、主に明治期を対象とするおびただしい数の研究成果が積み重ねられており、日本人でも参入にはためらいを感じさせる領域であるが、本書でハンター教授は、卓越した語学力に支えられて多数の文献を正確に深く読み込んだ上で、いわゆる日本資本主義論争や開発経済学も視野に入れて、膨大な史実を普遍的な枠組みに組み込んでいる。また、戦後、日本人研究者の大部分が綿紡績、製糸、織物の各部門を個別に考察してきた繊維産業史を総合的に把握しており、さらに、日本の社会経済史研究が十分な考察を怠ってきたジェンダー論という斬新な視点を重視している。そのほか、戦前期に社会福利を推進していた団体の協調会が出版した『社会政策時報』や『産業福利』、あるいは目につきにくい雑誌や地方史関連の紀要などに収録された労働者からの聞取り記録のような、日本人研究者でも活用しているとは言いがたい資料を駆使している点でも優れている。

本書もしばしば引用している、細井和喜蔵著『女工哀史』の書名や山本茂実著『あゝ野麦峠』の映画などによって、戦前期日本の女性繊維労働者が低賃金や長時間労働、あるいは結核の蔓延といった劣悪労働条件に苦しめられていたことは漠然とした常識にはなっているが、それ以上の事実を知る日本人は意外に少ない。詳しくは本書をぜひ一読願いたいのだが、この書物でハンター教授は、女性労働者は確かに非力であり、劣悪労働条件も厳然と存在してはいたものの、彼女たちが雇用主の言いなりになっていたわけではなく、農村の家族にも支えられて、頻繁な職場の移動を通じて彼らに抵抗し続けていたこと、とくに第一次世界大戦ののちには、女性労働者たちが

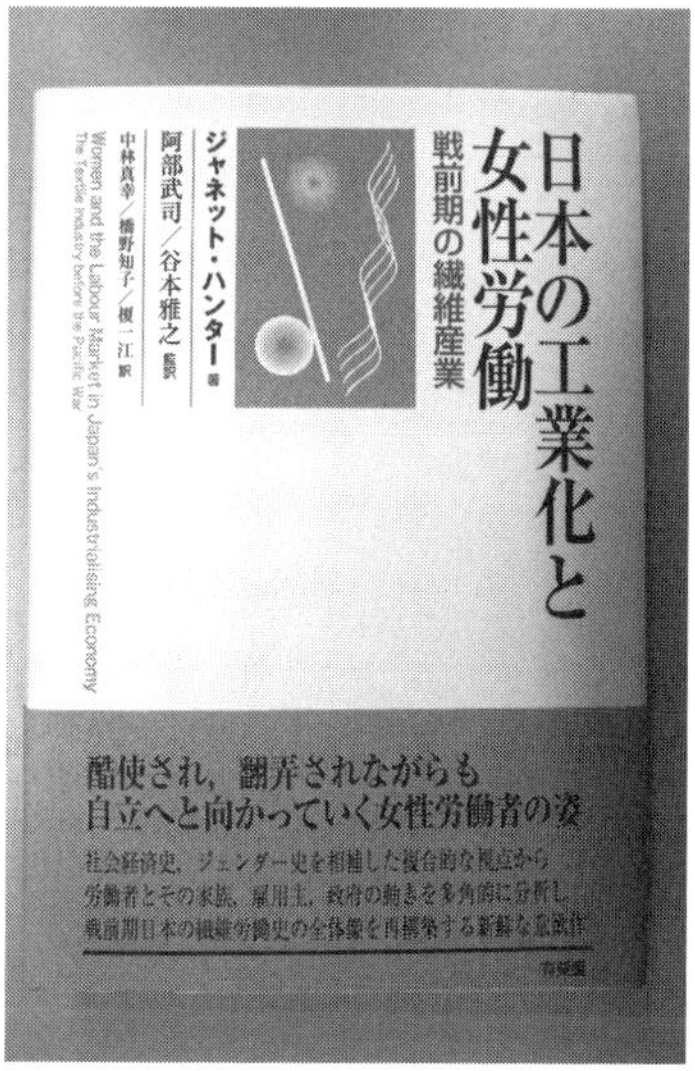

ハンター氏の著書の邦訳書（2008年刊行）

金銭的にも精神的にも自立へと向かっていたこと、一方、雇用主たちは彼女たちの高い移動率に悩まされ続け、労働募集に途方もないコストをかけながら、「女性は良き主婦、良き母親であるべきだ」という社会的観念にとらわれて、若年女性労働者を使い捨てにするシステムを作り上げ、それが第二次世界大戦後もしばらくは維持されていたことを主張している。こうした

見解に対しては異論もあろうが、女性労働の悲惨さを情緒的に嘆くという域を超えた、意欲的でしかも魅力的な問題提起がなされているのは間違いなかろう。

以上の諸点からみて私どもは、ハンター教授のこの新著が、多数の日本人に読まれてしかるべきだと判断し、翻訳に踏み切った次第である。

私が、ハンター教授と初めて言葉を交わしたのは、一九九一（平成三）年八月に大阪市立大学経済学部で開催されたセミナーで、教授が「戦前日本の繊維工業における女子労働の諸側面」という報告をされた折のことであった。その際配布された論文のコピーは残念ながら紛失したが、そこで論じられた内容は、上記の問題提起の原型であったと思う。印象に残っているのは、戦時中に労働市場に強制的に動員された女性たちが戦後にはそこから退出して家庭に戻ってしまい、労働市場に容易には復帰しなかったというご指摘であった。そのセミナーには中岡哲郎、竹中恵美子、玉井金五などの先生方が出席され、活発な質疑ののち、大阪市大に行かれた方はおそらくご存知である、JR杉本町駅近辺の「いわし亭」でくつろいだ雰囲気の懇親会が開かれた。

まもなく、アメリカのラゾニック（William Lazonick）とマス（William Mass）の両教授（お二人ともマサチューセッツ大学ローウェル校に所属）、そして東京大学の和田一夫氏および私が主催する国際共同研究「産業の競争力と革新―日・英・米・中・印の比較―」が発足し、そこでハンター教授とご一緒することになった。さらに、このプロジェクトの期間中の一九九五年夏から一年間、私がイギリスのロンドン大学東洋アフリカ学院（SOAS）に客員研究員として在籍することになり、同上プロジェクト関連以外でもハンター教授にたびたびお目にかかる機会が得られた。ご研究のほか大学の教育や行政にも真摯に取り組まれていた教授は多忙のご様子とお見受けしたが、私が訪問する際には、いつもにこやかに迎えて下さった。戦前期日本の女性繊維労働者に関連するいくつかのご論文を読んでいた私は、それらの優れた業績を是非一書にまとめていただきたいとお願いしたが、お約束通り、否、期待をはるかに上回って素晴らしい書物を教授がそれからしばらくしてお贈り下さったときには、まことにうれしく思われた。

ハンター教授と私の交流、そして教授の著書の翻訳は、いわゆる研究の国際化に含まれるのであろう。日本でも人文・社会科学の領域で国際化の重要性が認識されるようになって久しいが、そのあり方には改善の余地が多々残されている。研究の国際化は、①外国人の研究成果の摂取（受信）、②世界共通言語である英語を中心した外国語による日本人の成果の発表（発信）、そして③彼我の相互交流に分けられよう。

まず①については、後述する国際会議などでもある程度は満たされるものの、基本は文献の読破である。その際、原語の研究成果を読むのが望ましいのは言うまでもないが、日本語だけでも大量の文献を読みこなさなければならない今日、それは決して容易なことではない。日本の社会経済史や経営史の分野では、二〇〔三〇〕年ほど前までは外国人による重要な研究成果を書評、展望論文、翻訳を通じてそれらを伝えてくれる、視野の広い精力的な研究者が何人か存在し、私どもは多大の恩恵を受けてきた。しかし、そうした人々が次々と鬼籍に入ったことに加えて、研究の細分化、情報の洪水、大学等の機関における研究以外の負担の増加などによって、日本人研究者が外国の研究動向を十分に把握し、その最良の成果を日本語で伝えることは近年、至難のわざとなってしまった。このままでは外国におけるすぐれた研究成果の摂取は困難になり、国際化の掛け声に反して、日本の人文・社会科学は、世界の動きから孤立してしまう恐れすらあろう。

②の発信および③の相互交流に関しては、国際会議や国際セミナーへの参加、それらの成果を含む英語文献の出版などが現在日本の社会経済史学や経営史の分野でも珍しいことではなくなってきている。そうした試みはいずれも有益には違いないが、日本に限らず各国の研究者が営々と蓄積してきた自国の歴史・言語・文学などに関する研究は、歴史的文化的背景が異なる諸国の研究者たちがそれぞれ独自の発想に立脚して進めてきたため、そもそも根本的発想が異なるのが通常なのである。

もちろん、戦前期以来、日本の政治・経済・社会・文化に関しては外国人による研究も進められてきた。日本の経済や社会に関心を持つ外国人によるすぐれた研究を通じて、日本の実態が世界に伝えられ、しかもわれわれが必ずしも気付かなかった重要な論点や事実を指摘してもらえることの意義は、今後いっそう増していくであろう。とはいえ現実には、日本語に習熟した外国人による研究でも、日本人からみて違和感が拭えないことが多い。その一因は、日本人が多年進めてきた考察の文脈や内容が十分理解されないまま外国で研究が行われてきたことに求められるよう。同様のことが日本人による外国研究にもあてはまるに違いない。

こうした問題に加えて、口頭報告であれ英語論文の発表であれ、外国への発信にはデリケートな言葉を駆使して論を進めなければならないために、言語の壁という大きな障害が容易に解決できないのが現状である。恥をさらすようであるが私の場合、一つの英文論文を書く場合、同じ内容の日本語論文の執筆の三倍の時間が必要である。

以上のように人文・社会科学の分野では国際化が十分進んでいないにもかかわらず、日本の研究者は近年はやりの、いわゆる業績評価の一環として各自の研究成果が国際的にどの程度評価されているのかをしばしば問われている。自然科学の世界では、重要度ランキングの付いた査読付英文雑誌への掲載などの国際的基準が整備・確立され、人文・社会科学における国際化の域をはるかに超えた国際競争が繰り広げられていると聞くが、人文・社会科学では経済理論などの分野を例外として、「国際的基準」が世界的にみても整備されているとは言い難い。欧米の経済史研究者に聞いてみても、査読付雑誌の掲載論文よりもそれらを集大成した書物で研究の真価が問われるという答えがしばしば返ってくる。人文・社会科学の多くの分野では「国際的基準」がそもそも判然としないし、それを無理に設けたとしても、上記の①~③の達成自体が困難である以上、業績評価で問われている内外の研究者間の競争の促進は、遠い先のことのように思えてならない。

人文・社会科学における国際化の現実を認識すれば、外国人による最良の研究を日本語に翻訳することの意義は以前に比べて増しているように思われる。日本が近代化に成功した一因が外国で出版された書物の翻訳にあったことは間違いないであろう。現在でも翻訳大国である日本では、大量の翻訳書が出版され続けている。しかし、猛烈な勢いで増加している新刊書のなかで、真に重要な翻訳書はむしろ減少してきているのではあるまいか。翻訳という作業は、多大の時間とエネルギーが必要であり、研究者には時間の無駄のように受け取られがちであるが、国際化の進展のなかで、その重要度は高まってきているといえよう。

私は、ハンター教授という優秀な日本史研究者の業績を知ることができたために、今回の翻訳書の完成に至った。本書の出版が、研究者にとどまらず戦前期日本の社会・経済、企業経営、そして女性労働に関心を持つ人々に広く読まれ、活発な論議を生みだす契機となることを切望するとともに、外国人による優れた研究業績に接した研究者が今後、その翻訳にも積極的に取り組んでくれることを期待している。（二〇〇八年六月）

【付記】

本章では、近年、日本の研究者に海外の研究動向の摂取が不足していると指摘したが、この点に関連して、筆者を感激させた出来事がその後起こった。二〇一二（平成二四）年に日本経済新聞出版社から刊行された小池和男著『高品質日本の起源―発言する職場はこうして生まれた―』は、高品質な製品を世界に供給し続けてきた日本企業の強さの根底に、職場の生産労働者が勤務先企業に対して積極的に改善を求めて発言し、企業側もそれを受け入れてきた事実があったことを説得的に論じた優れた著作であるが、同書第Ⅰ部は、日本の綿紡績企業が戦前期にすでにそれを実現していたと主張している。その前提として小池氏は、本章（2）で阿部が列挙した海外の主な綿業史研究を綿密に検討し、日本人がほとんど読んでくれないファーニー氏ほか編の前掲二冊も的確に論評している。筆者は、当時約八〇歳であられた労働経済学の泰斗、小池先生からご丁重なお手紙に次いで、同書を思いがけず頂戴した。その後も何回か電子メールでの対話が続いたが、結局お目にかかる機会もなく昨年、先生は逝去された。この場を借りて、短い期間ながら小池先生から賜った学恩に感謝しつつ、謹んでご冥福をお祈りしたい。

第一〇章　読書の効用

（1）大学生と読書

大学生が専門書はおろか教科書も読まなくなったと聞くようになってから久しい。大学で長年講義やゼミを続けてきた私の経験から見て、その説はどうやら当たっているように思われる。現代の若者たちは書物に頼らなくても様々な情報の入手源を持っているから、そうした傾向にむやみに目くじらを立てる必要はないという意見もあるかもしれない。とくに知りたいことに一応の解答を瞬時に与えてくれるインターネットの存在は、「学術書などもはや要らない。ウェッブサイトからはあらゆる知識が得られるのだから」などという主張の正しさを裏付けるかのように見える。しかし、そこにあふれている情報のかなりの部分が信用するに値しないことを忘れてはならない。某新聞記者が Wikipedia に書かれていた誤った情報を無批判に記事に流用して問題になったことが報道されていたが、インターネットからは慎重に情報を選ばないと、取り返しのつかない誤りを犯しかねないのである。

しかも、断片的知識をいくら入手したところで、それらは粘り強い思考力には決して直結しない。平凡な主張ながら私は、学生時代には簡単に理解できない書物、あるいは分厚い書物を読む訓練を通じて深い思考力を養っておくべきだと思う。ゼミなどで学生と輪読していて気付くのは、一冊の書物を初めから終わりまで読み通す習慣を身につけている学生が少ないこと、しかも一週間に割り当てるページ数を、例えば一〇〇ページ以上にすると十分に内容を消化できない報告者がしばしば出現することである。

それに対してアメリカ合衆国の一流大学では、教員が毎週五〇〇ページ位の書物一冊を学部学生に割り当てて、一週間後に一時間で全てを要約させるというようなことが自然に行われているとしばしば耳にする。ITの本家本元のアメリカで、優秀な学生がITを利用する一方、学術書の読破に追われているという一見古臭い事実の重みを日本人は十分に認識しなければいけない。アメリカの優秀な人々は、学生の時から大量のページ数を速く正確に読みこなせるように訓練されているのである。

先に見た日本での状況も教員の指導、あるいは先輩や友人との交流を通じて改善できるように思われる。私が東京大学に入学した一九七二（昭和四七）年には大学紛争の名残りが強く、大学生がマルクスやサルトルを読むこともまだ盛んだった。当時の東大では駒場の教養課程に在籍する一・二年生向けのゼミナールが多数開講されていた。それらの内容は千差万別であったが、マックス・ウェーバーの『プロテスタンティズムの倫理と資本主義の精神』（もちろん邦訳ではあったが）をテキストとするゼミが複数あったことなどを記憶している。現在ではこうした古典があまりにも読まれなくなっているようだが、今から四〇年近く前には大学に入って間もない学生もそうした難しい書物を読もうとする風潮が存在していたのである。

私も、のちに勉強する予定であった経済学にはあまりこだわらず、いくつかのゼミに出席してみた。とくに記憶に残っているのは二年生の時に一学期だけ出席した、新進気鋭の政治学者佐藤誠三郎助教授のゼミであり、当時はやりの日本人論がテーマであった。定員二〇人程度のところに五〇人以上の志望者が集まったが、選抜は三冊の指定された書物を要約した四〇〇字換算一〇枚の文章の提出で、それに応じることができた人数は大体定員通りであり、全員の出席が許可された。その後の授業では毎週一～二冊の書物を全員が必ず読んでくることが求められ、証拠として簡単なレジュメを全ての出席者が提出しなければならなかった。授業終了時に約二〇冊を読破できた二〇歳代初めのこの経験は、私に大きな自信を与えてくれ、その後の学術書の読破を容易にしてくれた。この佐藤ゼミは一九六七（昭和四二）年に始まり、佐藤先生の米国ご留学の二年間を除いて二〇年間余り続いた。受講生にはその後、研究者あるいは政治家として大成した人も含まれ、現在東京大学教授の御厨貴氏や民主党政権の外務大臣を務めておられる岡田克也氏も私と同じ頃に受講していたそうである。学生に多読と討論を厳しく求めた佐藤先生は、その厳しさゆえに、後日才能を開花させる優秀な学生たちを引き付け、彼らに多大な薫陶を与えたに違いない。

　私の学部生時代には佐藤ゼミのような少人数授業に参加するほか、学生同志のサークルや研究会にも積極的に加わり、そこで書物を輪読する学生が珍しくなかった。煙ったい教師がいない同年代の学生だけの集まりは、それ自体楽しいものであり、歯に衣を着せない相互批判の中で、一人では読めない難解な本や大部な本を読破する得がたい機会であった。教養課程の時、歴史科学研究会というサークルに所属していた私は、入学時にまったく知識がなかった、日本の社会科学の水準を比較的に高めたといわれる昭和戦前期の日本資本主義論の意義を仲間から教わり、石母田正、永原慶二、神島二郎などの著作を、十分に理解できないながらとにかく読み進めていった。駒場から本郷の経済学部に進学した三年生以降には、当然のことながら専門の勉強が中心にはなったものの、そこでも演習と呼ばれていたゼミと、友人や先輩たちとの読書会には積極的に参加した。

法人化以後の国立大学では教育が重視されるようになった。私の学生時代の大学における教育、とくに大教室での講義には確かに問題が多かった。それらが大幅に改善されつつあるのはまことに結構なことである。その際、教員が学生に、パワーポイントなどを使ってわかりやすく教えることも必要なのかもしれないが、難解なあるいは大部の重要な書物をきちんと読みこなせるように指導することは、現在でもなお必要であろう。さらに学生諸君自身が、教室の外で友人や先輩と読書会を開き、自由に議論を闘わすことも有益と思われる。世の中が時々刻々と変化していく今日、時間をかけて古典や専門書を読むことは難しいのかもしれないが、逆説的ながら、こうした時代にこそ学生は、落ち着いてゆっくり読書を楽しむことが肝要であろう。世の中を良くしていくには粘り強い思考力が不可欠であり、その力を養うのには読書が極めて有効であるからである。（二〇一〇年一〇月）

(2) 情報化時代と読書

「情報化時代」といわれるようになって久しい。三〇〜四〇〔四〇〜五〇〕年ほど前には見かけなかったファックス、パソコン、携帯電話、テレビ電話等の通信手段が二〇世紀末には当たり前のものとなった。とくに世界中のパソコンをつなぐインターネットの普及により、私たちは大量の情報を簡単に入手することが可能になり、国内はいうまでもなく外国とも瞬時に交信できるようになった。こうした事態は今後も衰えることなく、続いていくであろう。

情報化が私たちの暮らしを快適にしてくれていることは間違いない。インターネットを例にとれば、大きな時刻表がなくても交通機関の発着状況は簡単にわかるし、宿泊や宴会の予約や買い物も楽にできる。重要なニュースもすぐに伝わる。インターネットについては、それを使った様々な犯罪や有害な情報の流布等の問題が確かにあるが、そうしたマイナス面よりも今挙げたようなプラス面のほうがはるかに大きいであろう。

私は、情報化のそうした効用を認めた上で、あまりに多すぎる情報が人々の心身の健康を損なう可能性を危惧している。一日中パソコンに向かっていると、目が疲れるし、血のめぐりも悪くなる。隣の席にいる同僚との会話もほとんどない。毎日パソコンを開くたびに届いている電子メールの山にうんざりし、それらへの返事を書くのにかなりの時間を費やさなければならない。落ち着いて思考する習慣はなくなってゆき、文書の切り張りをしてでも早く仕事を終えることだけが目的となってくる。

忙しい日々を送る人ほど、休日ぐらいはパソコンにふれないようにした方がよいと思う。そうした時にはスポーツで汗を流したり、その他の趣味を楽しんだりすることも重要であろうが、私は読書を強くお勧めする。最近書物は、一部の軽い読み物を除いてあまり人気がないと聞く。比較的自由な時間があるはずの学生も読書から遠ざかっているし、学校を離れた人々も本をあまり読まないようである。情報化の中で他にこなさなければならない仕事が多すぎるためであろう。

だが、少なくとも休日の数時間、できれば仕事のある平日でもなるべく毎日、文学、歴史、哲学、自然科学等何でもよいから、また薄い本で構わないから、一〇年以上前に書かれて今でも読み継がれている書物を繙いてほしい。必ず何かが得られるはずである。今言及した一〇年間という歳月は決して短くない。それだけの時間を生き延びた書物には、何らかの存在理由があるに違いない。言いかえれば、一昔以上前の賢者との対話をぜひ楽しんでほしいのである。

一人ひとりの人間が生きている時間は、長寿社会とはいえ限りがあり、その間に読める本の量はたかが知れている。他方で、情報化の進展を反映して年々出版される書物の点数は増えているものの、その大部分は数か月で市場から消えていく。ベストセラーを読むな、という訳ではないが、情報の洪水に沈没して無益な時間を過ごさないためにも、読むに値する書物を厳選して読んだほうが結局は得である。

また、これも情報化を反映しているが、最近、コンピュータの画面上で読書をする電子ブック、さらには携帯電話でも読める携帯ブックが登場している。これらへの反対意見は多いが、私は、手軽に書物に接することができる、そうした「新しい本」の出現をむしろ歓迎したい。紙に印刷されていようと、液晶画面に映し出されようと、どちらでも構わない。要は良い書物を読む時間を確保することだ。

繰り返しになるが、大量の情報に晒されている毎日を過ごしている現代人には、読書を通じて、厳選された良質の情報をゆっくり味わう習慣を身につけることが心の健康を保つ上で有益であろう。さらに言えば、時々は情報の洪水から敢えて身を遠ざけ、読書に基づく深い思索を行う中から、素晴らしいアイデアも色々と出てくるように思われる。（二〇一一年七月）

〔参考文献〕

〈全体を通じた参考文献〉

大阪大学五十年史編集実行委員会編『大阪大学八十年史』全二巻〈通史、部局史〉大阪大学、一九八三年
大阪大学経済学部五十年史編集委員会編『大阪大学経済学部五十年史』大阪大学出版会、二〇〇三年
高杉英一・阿部武司・菅真城編著『大阪大学の歴史』大阪大学出版会、二〇〇九年
菅真城『大学アーカイブズの世界』大阪大学出版会、二〇一三年
大阪大学文書館設置準備室『大阪大学文書館設置準備室だより』
大阪大学アーカイブズ『大阪大学アーカイブズニューズレター』
全国大学史資料協議会『研究叢書』各号
企業史料協議会編『企業と史料』各号
企業史料協議会編『企業史料協議会20年史』企業史料協議会、二〇〇四年
企業史料協議会編『企業アーカイブズの理論と実践』丸善プラネット、二〇一三年
寺﨑昌男『大学は歴史の思想で変わる―ＦＤ・評価・私学―』東信堂、二〇〇六年
猪木武徳『日本の〈現代〉11　大学の反省』ＮＴＴ出版、二〇〇九年

（第一章）

阿部武司・沢井実『大阪大学総合学術博物館叢書　東洋のマンチェスターから「大大阪へ」―経済でたどる近代大阪のあゆみ―』大阪大学出版会、二〇一〇年

（第二章）

日本経営史研究所編『東京海上最近十年史　一九八〇～一九八九』東京海上火災株式会社社内資料、一九九四年
日本経営史研究所編『東京海上百二十五年史』東京海上火災保険株式会社、二〇〇五年
大阪工業会編『大阪工業会八十年史』大阪工業会、一九九四年
北陸地方電気事業百年史編纂委員会編『北陸地方電気事業百年史』北陸電力株式会社、一九九八年
関西電力五十年史編纂事務局編『関西電力五十年史』関西電力株式会社、二〇〇二年
A.D.Chandler, Jr., *Strategy and Structure: Chapters in the History of the American Industrial Enterprise*. Cambridge, Mass.: MIT Press, 1962. 邦訳：三菱経済研究所訳『経営戦略と組織―米国企業の事業部制成立史』（実業之日本社、一九六七年）および有賀裕子訳『組織は戦略に従う』（ダイヤモンド社、二〇〇四年）
「日本紡績協会・在華日本紡績同業会資料（大正六年～昭和三五年）」雄松堂、二〇一二年
東洋紡績株式会社社史編集室編『百年史　東洋紡』上・下巻、東洋紡績株式会社、一九八六年
東洋紡株式会社社史編集室『東洋紡百三十年史』東洋紡株式会社、二〇一五年

（第三章）

公益財団法人渋沢栄一記念財団・実業史研究情報センター編『世界のビジネス・アーカイブズ―企業価値の源泉―』日本アソシエーツ、二〇一二年

（第五章）

『大阪大学二十五年誌』大阪大学、一九五六年

大阪大学経済学会『大阪大学経済学』第五八巻第三号～第六五巻第二号（二〇〇七年一二月～二〇一五年九月）

大阪大学人間科学研究科『年報人間科学・別冊』（二〇一一年三月）

大阪大学アーカイブズ　菅真城・阿部武司編『大阪大学とともに歩んで　熊谷信昭第一二代総長回顧録』大阪大学出版会、二〇一五年

（第六章）

通商産業政策史編纂委員会編『通商産業政策史（一九四五～一九七九　第一期）』全一七巻、経済産業調査会、一九八九～九四年

通商産業政策史編纂委員会編『通商産業政策史（一九八〇～二〇〇〇　第二期）』全一二巻、経済産業調査会、二〇一一～一三年

阿部武司編著・通商産業政策史編纂委員会編『通商産業政策史　第二巻　通商・貿易政策　一九八〇〜二〇〇〇』経済産業調査会、二〇一三年

（第八章）

阿部武司・平野恭平『産業経営史シリーズ三　繊維産業』日本経営史研究所、二〇一三年
宮本又郎『日本企業経営史研究─人と制度と戦略と─』有斐閣、二〇一〇年

（第九章）

D.A.Farnie, T.Nakaoka, D.J.Jeremy, J.F.Wilson & T.Abe (eds.) *Region and Strategy in Britain and Japan: Business in Lancashire and Kansai 1890-1990*. London: Routledge, 2000
D.A.Farnie & D.J.Jeremy(eds.), *The Fibre that Changed the World: The Cotton Industry in International Perspective. 1600-1990s*. Oxford: Oxford University Press, 2004
John Singleton, *Lancashire on the Scrapheap, 1945-1970*. Oxford & New York: Oxford University Press, 1991
阿部武司『近代大阪経済史』大阪大学出版会、二〇〇六年
ジャネット・ハンター著、阿部武司・谷本雅之監訳　中林真幸・橋野知子・榎一江訳『日本の工業化と女性労働─戦前期の繊維産業─』有斐閣、二〇〇八年
杉山伸也、ジャネット・ハンター編『日英交流史　一六〇〇〜二〇〇〇　第四巻　経済』東京大学出版

会、二〇〇一年
阿部武司・谷本雅之「本の紹介　ジャネット・ハンター著　阿部武司・谷本雅之監訳　中林真幸・橋野知子・榎一江訳　日本の工業化と女性労働―戦前期の繊維産業―」『国立女性研究会館研究ジャーナル』第一三号、二〇〇九年
細井和喜蔵『女工哀史』改造社、一九二五年
山本茂実『あゝ野麦峠―ある製糸女工哀史―』朝日新聞社、一九六八年

〈第一〇章〉

マックス・ウェーバー著、梶山力・大塚久雄訳『プロテスタンティズムの倫理と資本主義の精神』上・下巻、岩波文庫、一九五五年、一九六二年（ほかの邦訳もあるが、筆者が大学生のころにはこの訳書が普通に読まれていた）
佐藤誠三郎先生退官記念会編『知は力なり―佐藤誠三郎ゼミの二五年―』中央公論事業出版、一九九二年

あとがき

　筆者は一九八八（昭和六三）年四月に大阪大学経済学部に経営史担当の助教授として赴任し、二〇世紀末まで研究を中心に充実した日々を過ごしていた。だが、一九九〇年代末の大学院重点化のころから、研究以外の教育と行政に割く時間が次第に増えていき、二〇〇四（平成一六）年の国立大学法人化以降、その傾向が顕著になった。二一世紀に入り五〇歳代を迎えた私は、阪大に長年お世話になってきたお返しとも思い、常時五～六人の大学院生を指導し、評議員や大学院研究科長・学部長などとして学内行政を担当するようになった。学内行政については経済学研究科関連にとどまらず、第一章に記されているように、図書館の運営に参画し、博物館の展示に携わり、さらにアーカイブズの創出に徒手空拳で立ち向かって、一〇年がかりで内閣総理大臣の指定を受けるという得難い経験を重ねた。

　阪大最後の約一〇年間には、いわゆるエフォートの過半を行政に投じざるをえず、研究のそれはわずか一～二割に激減した。西暦二〇〇〇年春に突然膠原病を患い、その後難病と共生するようになった事情もあって、研究者を志して大学人となった私には、体力的にもつらく、悔いが多い日々の連続であった。

　五年半前に阪大を早期退職し、ご縁があって移籍した国士舘大学政経学部では、国立大学とは異なった私立大学特有の教育および運営の難しさを知ったが、阪大最後の一〇年間の戦時体制下を思わせる緊張の連続からは解放され、研究に向けられる時間も大分増えた。

そうした中で、私が所属している企業史料協議会や経営史学会から近年、阪大アーカイブズの創設に関する講演や原稿執筆をしばしば依頼されるようになった。アーカイブズの設立・運営に乏しい予算の中で苦労されている方々に何かのお役に立つのであれば、あまり思い出したくない一〇年間の経験にもそれなりの意味があるのだろう、と考え直すようになった。さらにその間、人目に触れる機会が少ない阪大の広報やアーカイブズのニューズレターなどに、意外に多数の雑文を書いてきたことにも気付いた。

私が筑波大学ではじめて学生を教えるようになった三〇年以上前からお付き合いいただいているクロスカルチャー出版の川角功成社長に本書の構想をお話しし、それらの拙文のコピーをお渡ししたところ、直ちにCPCリブレシリーズの一冊としての出版を快諾して下さった。まことにありがたいことである。

読者が本書からアーカイブズの重要性を認識して下さるとともに、最近の国立大学や社会科学研究の実態に関しても理解を深めていただければ幸いである。

二〇一九年一〇月　　阿部　武司

●関連年表

年	阿部武司	大阪大学関連（＊は全国的動向）	内外の情勢
一九五二年	五月　東京都生まれ		四月　サンフランシスコ講和条約発効。 五月　血のメーデー事件
一九七二年	四月　東京大学教養学部文科Ⅱ類入学		高度経済成長の末期
一九七六年	三月　東京大学経済学部経済学科卒業		第一次石油危機の直後
一九八二年	三月　東京大学大学院経済学研究科博士課程単位取得退学		
一九八二年	四月　東京大学社会科学研究所助手		
一九八五年	四月　筑波大学社会科学系専任講師		
一九八八年	四月　大阪大学経済学部助教授 一二月　経済学博士（東京大学）		バブルの最中
一九九二年	八月　マンチェスター大学名誉客員研究員		
一九九四年	一一月　大阪大学経済学部教授		
一九九五年	八月　ロンドン大学アジア・アフリカ学院客員研究員（翌年八月まで）		一月　阪神・淡路大震災、三月地下鉄サリン事件
一九九八年	四月　大阪大学大学院経済学研究科教授に配置換	一九九七～九八年度に大学院重点化	前年一一月から同年にかけて金融危機
二〇〇〇年	五月　膠原病発症		
二〇〇一年	四月　大阪大学豊中地区図書館委員会委員（二〇〇三年三月まで）		四月　情報公開法施行（同法公布は一九九九年五月）、一〇月アメリカで同時多発テロ事件
二〇〇二年	四月　大阪大学豊中地区図書館委員会委員長（二〇〇三年三月まで）	大阪大学総合学術博物館が設置	
二〇〇三年	四月　大阪大学評議員（二〇〇四年三月まで）		
二〇〇四年	四月　大阪大学教育研究評議員（二〇〇六年三月まで）	＊国立大学法人化	
二〇〇五年	一月　大阪大学文書館（仮称）設置検討ワーキング主査（二〇一二年九月まで）	文書館（仮称）設置検討ワーキングが大阪大学本部総合計画室の下に設置	
二〇〇六年	四月　大学基準協会相互評価委員会経済学系第三専門評価分科会主査（二〇〇七年三月まで）		

二〇〇七年	七月 大阪大学文書館設置準備室長（二〇一二年九月まで） 八月 日本学術会議連携会員（二〇一四年九月まで） 四月 大阪大学附属図書館副館長（二〇〇八年六月まで）、大学基準協会相互評価委員会経済学系第九専門評価分科会主査（二〇〇八年三月まで）	文書館設置準備室が前記の総合計画室の下に設置	
二〇〇八年	二月 大学評価・学位授与機構国立大学教育研究評価委員会専門委員（二〇〇九年六月まで） 五月 沢井実教授とともに大阪大学総合学術博物館第八回展示「東洋のマンチェスターから『大大阪』へ―経済でたどる近代大阪のあゆみ―」（五月一日～七月五日開催）を担当 六月 大阪大学大学院経済学研究科長・経済学部長（二〇一〇年六月まで）		九月 リーマンショック
二〇〇九年	一月 経営史学会会長（二〇一二年一二月まで）		
二〇一〇年	六月 大阪大学附属図書館副館長（二〇一二年六月まで）、大学評価・学位授与機構国立大学教育研究評価委員会専門委員（二〇一一年三月まで）		
二〇一一年	五月 企業史料協議会副会長（現在に至る）		三月 東日本大震災・東電福島第一原発事故、四月公文書管理法施行（同法成立は二〇〇九年六月）
二〇一二年	一〇月 大阪大学アーカイブズ室長（二〇一四年三月まで）	一〇月 大阪大学アーカイブズが創設。事務は、大阪大学本部総務部総務課文書管理室が担当	
二〇一三年		四月 公文書管理法に基づき、大阪大学アーカイブズが内閣総理大臣より国立公文書館等および歴史資料等保有施設の指定を受ける	
二〇一四年	三月 大阪大学を早期退職 四月 大阪大学名誉教授・国士舘大学政経学部教授（現在に至る）		

（注）阿部に関する記載は、本書の理解に必要と思われる範囲にとどめた。

〔初出文献一覧〕

第一章　図書館・博物館・文書館（東京大学経友会『経友』第一八二号、二〇一二年二月、一五二〜五八ページ）

第二章　企業アーカイブズと大学（『大阪大学アーカイブズニューズレター』第一三号、二〇一九年三月、二〜六ページ）

第三章　大学アーカイブズと企業アーカイブズ—現状と課題—（企業史料協議会編『企業と史料』第一一集、二〇一六年五月、一〇〜一四ページ）

第四章　アーカイブズ創設とアーキビスト（二〇一八年一一月開催、第七回ビジネスアーカイブズの日基調講演。企業史料協議会編『企業と史料』第一四集、二〇一九年五月、三一〜四四ページ）

第五章　大阪大学アーカイブズの構築

（1）大阪大学文書館設置準備室だより発刊に寄せて（『大阪大学文書館設置準備室だより』第一号、二〇〇七年二月、二ページ）

（2）大阪大学の歴史から学ぶもの（『大阪大学文書館設置準備室だより』第四号、二〇〇九年三月、二〜三ページ）

（3）大学史の編さんと文書館（『大阪大学文書館設置準備室だより』第六号、二〇一〇年三月、一〜三ページ）

（4）『大阪大学アーカイブズニューズレター』の発刊に寄せて（『大阪大学アーカイブズニューズレター』第一号、二〇一三年四月、二ページ）

（5）大阪大学アーカイブズの創立と国立大学文書館（『大阪大学アーカイブズニューズレター』第二号、二〇一三年九月、二～三ページ）

（6）退任のご挨拶（『大阪大学アーカイブズニューズレター』第三号、二〇一四年三月、一五ページ）

（補論）大阪大学名誉教授の談話記録に関する経済学部同窓会員宛のお知らせ（二〇一六年七月）

第六章　日本の官公庁における文書保存

（1）日本の官公庁における文書保存の状況（『大阪大学文書館設置準備室だより』第七号、二〇一〇年九月、五～六ページ）

（2）貿易・通商政策史の編集を振り返って（独立行政法人経済産業研究所『RIETI Highlight』第四五号、二〇一三年夏、三四～三五ページ）

第七章　外国のアーカイブズ

（1）中国上海市における歴史的資料の保存状況に関する調査報告（『大阪大学文書館設置準備室だより』第八号、二〇一一年二月、四～八ページ、老川慶喜（当時は立教大学経済学部教授、元・立教学院史資料センター長）と共著。本書への再掲を快諾して下さった同氏に厚く御礼申し上げる）

（2）書評　大西愛編『アーカイブ・ボランティア―国内の被災地で、そして海外の難民資料を―』（『大阪大学アーカイブズニューズレター』第五号、二〇一五年三月、六～七ページ）

第八章　大阪大学経済史・経営史資料室

（1）大学改革における「不易」（日本学術振興会『学術月報』第五六巻第九号、二〇〇三年九月、一二九～一三〇ページ）

（2）大阪大学経済史・経営史資料室（『阪大Now』第六五号、二〇〇三年一〇月、三～七ページ）
（3）日本紡績協会資料について（『大阪大学図書館報』第三六巻四号、二〇〇三年三月、一～四ページ。日本紡績協会『日本紡績月報』第六五七号、二〇〇三年六月、五三～五六ページ、に転載）
（4）表紙解説　旧三和銀行所蔵史料（『阪大Now』第六五号、二〇〇三年一〇月、二ページ）

第九章　社会科学研究の国際化

（1）二〇世紀における英国北西部と関西のビジネスの変遷（国際交流基金『国際交流』第八九号、二〇〇〇年一〇月、一〇五～〇九ページ。『国際交流』への寄稿を、お世話いただいた猪木武徳大阪大学名誉教授に厚く御礼申し上げる）
（2）綿業史研究の現状と問題点（『PS JOURNAL』第六号、二〇〇五年）
（3）人文・社会科学の国際化をめぐって―ジャネット・ハンター教授の新著に関連して―（有斐閣『書斎の窓』第五七五号、二〇〇八年六月、四七～五一ページ）

第一〇章　読書の効用

（1）大学生と読書（『大阪大学図書館報』第四四巻第二号、二〇一〇年一〇月、一～二ページ）
（2）情報化時代と読書（放送大学大阪学習センター『みおつくし』第四二号、二〇一一年七月、二一～二三ページ）

『アーカイブズと私―大阪大学での経験―』要約

アーカイブズが多様な情報源として研究者にとってはもちろんのこと、内外の行政に携わる人々、さらには一般の人々にも欠かせない機関であることは国際的常識となっている。ところが最近の日本では、政府が都合の悪い文書を隠蔽・廃棄・改竄するといった嘆かわしい事態がまかり通っている。日本人は、記録をきちんと残すアーカイブズの重要性を今こそきちんと認識しなければならない。著者は、一九八八（昭和六三）年以来二六年間、大阪大学で経営史を学生に教え、近代日本の経済史や経営史を研究してきたが、国立大学が法人化という大変革を迎えた二〇〇四（平成一六）年に、大阪大学内にアーカイブズを設置するという任務を負うことになり、一〇年がかりでそれを実現した。本書は、手探りで進めていったその過程を当時発表したエッセイを通じて明らかにし、近年日本の大学で関心を集めているアーカイブズの設立の一つの事例を示すものである。著者は、同じく変革の過程にあった大阪大学で、図書館や博物館の運営にも携わり、また学外で企業アーキビストの団体と関わった。本書は、それらの経験にも言及するとともに、深い思考の基礎としての読書の重要性を語り、さらに、日本では理科系学問を偏重する政府の意向により存続すら危惧されている文科系学問が人類の発展に不可欠であること、しかし、日本語の壁に守られたその閉鎖性には確かに問題があり、その克服策として翻訳の奨励を含む、国際化への対応が重要であることを訴える。

A SYNOPSIS OF THE ARCHIVES AND I: Takeshi Abe's Experience at Osaka University.

Internationally common sense indicates that archives play an important role as are organized data base for providing diverse sources of information not only for scholars but also for governmental bodies at home and abroad and people in general. In today's Japan, however, it is highly regrettable that government documents have been concealed, disposed of and even altered. Now is the time for us Japanese to realize the importance of archives in preserving actual records.

The author of this book has been teaching business history at Osaka University for twenty-six years since 1988 and has been studying the economic and business history of modern Japan. When the radical reorganization of national universities as corporations went into effect in 2004, he was assigned the task of establishing an archive within Osaka University and it took him virtually ten years to complete the work. This book attempts to clarify the founding stages of the archive by employing his previous relevant essays he had written in those days and gives an account of a case study of the setting up of an archive which has now become a center of attention. He has also been engaged in the management of the University Library and the University Museum at Osaka University vis-à-vis the governmental reform of national universities, and he has been involved in exchanging ideas with corporate archivists' groups outside of the school. This book is based on such personal experience involving wide reading and the question of the fundamental foundation for deep thought. Furthermore, the humanities branch of studies is ignored by the Japanese government's insistence that the sciences are indispensable for the advancement of mankind. But the closed nature of Japanese Academe surrounded by the language wall of Japanese is indeed a controversial problem and he touches on the promotion of translation ability as a countermeasure to conquer that problem for the beneficial advancement of the cause of internationalization.

阿部　武司（あべ　たけし）

1952年、東京都に生まれる。
東京大学大学院第二種博士課程単位取得退学。経済学博士（東京大学）。東京大学社会科学研究所助手、筑波大学社会科学系講師、大阪大学経済学部助教授・同教授、同大学院経済学研究科教授を経て、2014年大阪大学名誉教授・国士舘大学政経学部教授（現在に至る）。
2012年10月に2004年以来目指してきた大阪大学アーカイブズの創設を実現させ、半年後の2013年4月に同アーカイブズが公文書管理法に基づく国立公文書館等および歴史資料等保有施設に指定。

主な業績
『日本における産地綿織物業の展開』（東京大学出版会、1989年）、『近代大阪経済史』（大阪大学出版会、2006年）、『大原孫三郎』（編著、PHP研究所、2017年）、'The "Japan" Problem: The trade conflict between the European countries and Japan in the last quarter of the twentieth century', *Entreprises et Histoire*, No.80, September 2015, pp. 12-35, など。

アーカイブズと私—大阪大学での経験—　CPC リブレ No.12

2020年2月29日　第1刷発行

著　者　阿部武司
発行者　川角功成
発行所　有限会社　クロスカルチャー出版
〒101-0064　東京都千代田区神田猿楽町 2-7-6
電話 03-5577-6707　FAX 03-5577-6708
http://crosscul.com
印刷・製本　（株）シナノパブリッシングプレス

ISBN 978-4-908823-67-1 C1000 Printed in Japan